Devrim Karahasan

Die kanadischen Metis als Nation

Devrim Karahasan

Die kanadischen Metis als Nation

Selbst- und Fremdverständnis einer Mestizen-Ethnie europäischen und indianischen Ursprungs

Dictus Publishing

Impressum / Imprint
Bibliografische Information der Deutschen Nationalbibliothek: Die Deutsche Nationalbibliothek verzeichnet diese Publikation in der Deutschen Nationalbibliografie; detaillierte bibliografische Daten sind im Internet über http://dnb.d-nb.de abrufbar.

Bibliographic information published by the Deutsche Nationalbibliothek: The Deutsche Nationalbibliothek lists this publication in the Deutsche Nationalbibliografie; detailed bibliographic data are available in the Internet at http://dnb.d-nb.de.

Coverbild / Cover image: www.ingimage.com

Verlag / Publisher:
Dictus Publishing
ist ein Imprint der / is a trademark of
OmniScriptum GmbH & Co. KG
Heinrich-Böcking-Str. 6-8, 66121 Saarbrücken, Deutschland / Germany
Email: info@dictus-publishing.eu

Herstellung: siehe letzte Seite /
Printed at: see last page
ISBN: 978-3-8473-8935-4

für meine geliebten Eltern
und meine Schwester Meram

INHALTSVERZEICHNIS:

"It was not so much blood that was mixed, (...) but two dramatically different worlds.[1]

Murray Dobbin

Einleitung

Die vielfältige ethnische Zusammensetzung der kanadischen Gesellschaft bedingt es, dass Diskussionen um das Selbstverständnis Kanadas als Nation grundsätzlich an der Tagesordnung bleiben.[2] So werden für die Geschichte des Landes signifikante historische Ereignisse und politische Entwicklungen von den diversen Bevölkerungsgruppen in unterschiedliche Geschichtsbilder und -auffassungen umgesetzt. In diesem Zusammenhang erscheint die Frage nach der historischen und nationalen Identität der "*Metis*" besonders relevant, da diese Bevölkerungsgruppe sowohl europäischer als auch indigener Abstammung ist und damit beide Hauptkomponenten der kanadischen Identität in sich vereint.[3] *Metis*-Nationalisten sehen in den *Metis* gar die eigentliche kanadische Identität und führen als Nachweis die Verwendung der Bezeich-

[1] Murray Dobbin: *The One-and-a-half Men: The Story of Jim Brady and Malcolm Norris*, Vancouver 1981, S. 9 (zit. Dobbin 1981). Der Begriff "*mixed-blood*", der für *Metis* im 19. Jahrhundert neben anderen Bezeichnungen üblich war, suggeriert die Mischung von Blut und setzt den Akzent dadurch auf eine biologistische Definition. Tatsächlich wäre es in diesem Zusammenhang jedoch richtiger, von der Mischung zweier Kulturen zu sprechen, die eine Synthese ihrer verschiedenen Komponenten hervorbringt. Denn inwieweit sich Blut unterschiedlicher Individuen mischt und was dabei passiert, ist eher eine Frage der naturwissenschaftlichen Betrachtung, die hier nicht erörtert werden kann (wobei allerdings der Begriff „Kultur" – beispielsweise im Kontext von Bakterien – von Naturwissenschaftlern ebenfalls verwendet wird). Zur Definition von Biologismus siehe in Anlehnung an Wikipedia: „Biologismus (aus dem Altgriechischen βίος (*=bíos)* für „Leben" und λόγος (=logos) für „Wort" oder „Lehre" und dem Suffix „-ismus") ist ein abwertend gebrauchter Begriff für philosophische und weltanschauliche Positionen, die menschliche Verhaltensweisen und gesellschaftliche Zusammenhänge vorrangig durch biologische Gesetzmäßigkeiten zu erklären versuchen und von denen einige auch eine entsprechende Ausgestaltung gesellschaftlicher Verhältnisse anstreben."

[2] Vgl. hierzu die Beiträge Northrop Fryes über kanadisches Nationalbewusstsein. Frye sieht Kanadas Hauptschwierigkeit darin, die Konzepte "Einheit" und "Identität" miteinander zu vereinbaren. Siehe auch Northrop Frye: *The Bush Garden. Essays on the Canadian Imagination*, Toronto 1971, S.iii (zit. Frye 1971) und *Divisions on a Ground. Essays on Canadian Culture*, hg. von James Polk, Toronto 1982 (zit. Frye 1982) und Garth Stevenson: *Unfulfilled Union. Canadian and National Unity*, Toronto [3]1989 (zit. Stevenson 1989). Im Vereinigungsprozess Kanadas Ende des 19. Jahrhunderts wird den *Metis* eine entscheidende Rolle zugeschrieben; siehe bei George Stanley: "Confederation – A Metis Achievement" (zit. Stanley 1978), in: Lussier/Sealey, *The Other Natives: The/Les Métis*, Vol. I, Winnipeg 1978, S. 63-86 (zit. Lussier/Sealey 1978) und in anderen Kapiteln dieser Arbeit.

[3] Harry W. Daniels*: We are the New Nation/Nous sommes la Nouvelle Nation*, Native Council of Canada, Ottawa 1979, S. 5 (zit. Daniels 1979).

nung "*Canadien*"[4] an, die Anfang des 19. Jahrhunderts für *Metis* an der Grenze zwischen Kanada und den USA in historischen und literarischen Quellen zu finden ist.[5] Unter der Bezeichnung "Metis" werden in Kanada vorwiegend die Nachkommen europäischer Pelzhändler und indigener Frauen verstanden, die vor allem im kanadischen Nordwesten während des frühen 19. Jahrhunderts Gemeinschaften bildeten. Eine unter den *Metis* häufig verwendete Datierung ihres Ursprungs fasst den Zeitraum der Entstehung jedoch viel weiter und beschreibt die „Geburtsstunde“ als *"nine months from the time the first white man set foot in North America."*[6] Diese biologische Definition vermeidet eine konkrete historische Datierung. Dadurch negiert sie die Vorstellung eines „Wunderursprungs“[7] und setzt diesem einen offenen Anfang entgegen. Statt eines einzelnen, einheitlich definierbaren Ursprungs weisen die *Metis* aufgrund der geographisch verstreuten Begegnung ihrer Vorfahren, ihrer seminomadischen Lebensweise und der Zurückdrängung durch europäische Siedler tatsächlich unterschiedliche Ursprünge auf. Dabei kam es nicht nur zu Nachkommen von französischen Pelzhändlern und *Cree*-Frauen – wie es frühe Darstellungen über die *Metis* zumeist suggerieren – , sondern auch von englischen und schottischen Händlern und *Ojiwba*- und *Chipewya*-Frauen. Zudem weist die geographische Entwicklung der *Metis* zwei zentrale Entstehungsherde auf: Durch die Abwanderung der *Great Lakes Metis* im späten 18. Jahrhundert kam es zu einer Konzentration von *Metis* am *Red River* im Nordwesten des Landes. Dort gingen hauptsächlich zwei Gruppen hervor: die französischen *Métis* und die englischen *Halfbreeds*. Dabei repräsentieren die *Red River Metis* bzw. *Halfbreeds* sowohl in der Außenwahrnehmung als auch im Bewusstsein vieler *Metis* bis heute deren klassische Lebensweise als eigenständige Gemeinschaften, die sich von Europäern und Indigenen durch ihre eigenen Gesellschaftsformationen unterschieden. Westlich der *Red River*-Region bildeten sich zudem *Cree*- und *Irokesen*-Gemeinschaften, die sich selbst als *Metis* ansahen. Darüber hinaus gab es nördlich der *Red River*-Region diverse weitere Mischpopulationen aus *Saulteaux* und *Irokesen*, die nicht eindeutig den *Metis* zugerechnet wurden, jedoch ebenfalls aus indigen-europäischen Heiratsverbindungen im kanadi-

---

[4] Eine Variante dieses Begriffs lautet "Canayen". Vgl. Martin Dunn: *The Definition of Metis - A Double-Edged Blade*, Ontario 1994: http://www.cyberus.ca/~mfdunn/metis/Papers/Definition.html (zit. Dunn 1994a).

[5] „*Metis Nationalism is Canadian Nationalism*“ lautet ein Slogan dieser Argumentation, die von Daniels eindringlich vertreten wird. Er argumentiert, dass mit der Bezeichnung "*Canadien*" für *Metis* Anfang des 19. Jahrhunderts an der Grenze zwischen Kanada und den USA eine spezifische kanadische Identität gemeint gewesen sei, die sich von solchen Individuen, die sich weiterhin explizit als Europäer ansehen wollten, unterschied: "*The vast majority of Canadians are still not willing to recognize that Canadian identity is inseparable from its aboriginal heritage. If and when this discovery does take place, the Metis will no longer have to struggle to implant their Canadian reality in the minds of the inhabitants of this country. Until that time comes, we are only asking this country to accord a special recognition to the contributions and needs of a people who are the quintessence of what was, what is, and what will always be, Canadian."* Daniels 1979, S. 52.

[6] Duke Redbird: *We are Metis. A Metis View of the Development of a Native Canadian People*, Toronto, 1980, S. 1 (zit. Redbird 1980).

[7] Michel Foucault: "Nietzsche, die Genealogie und die Historie", in: ders., *Von der Subversion des Wissens*, Frankfurt am Main [2]1996, S. 70 (zit. Foucault 1996).

schen Pelzhandel hervorgegangen sind.[8] Diese Gruppen unterschieden sich sowohl in ihrer sprachlich-konfessionellen Identität als auch in ihrer Lebensweise, die zum Teil durch ihre Funktion im Pelzhandel, aber auch durch ihre ethnische Zusammensetzung bestimmt wurde. Die *Metis* in Kanada zeichnen sich demnach durch die ethnische und geographische Vielfältigkeit ihrer Herkunft aus.

Die *Metis* entwickelten im Verlauf ihrer Geschichte eine eigenständige Lebensweise, die sich von anderen indigenen und den eingewanderten europäischen Gemeinschaften hinsichtlich der Kleidung, Ernährung, Kultur und Sprache unterschied. Dadurch, dass sich die Identität von *Metis* aus vielen verschiedenen Faktoren zusammensetzt, kam es jedoch zu einer Vielzahl an Bezeichnungen, die dem heutigen Begriff "Metis" vorausgingen. Da sie zudem mehrere Sprachen, Konfessionen und Kulturelemente in sich vereinigen, lässt sich keine einheitliche Definition des Begriffs anführen.[9] Es erscheint daher sinnvoll, in Bezug auf die *Metis* weniger von einer einzelnen *Identität* als vielmehr von *Identitäten* oder *Vielheiten* zu sprechen.[10] Kompliziert wird der Sachverhalt noch dadurch, dass zu den *Metis* zudem lange Zeit solche Individuen, die von *Indian Acts* ausgeschlossen blieben, die sogenannten *non-status Indians,*[11] rechtlich hinzugezählt werden. Deren ethnische Identität steht zumeist in keinerlei Verbindung zu einer *Metis*-Kultur oder Lebensweise wie sie *Metis*-Nationalisten verstanden wissen wollen. Durch diese unklare Identifizierung ist die Frage nach einer *Metis*-Nationalität und nach dem Konzept einer *Metis*-Nation noch bis ins 20. Jahrhundert hinein aktuell und kontrovers geblieben.

"*Métisation*" – in diesem Kontext die Mischung von Europäern und indigenen Völkern in Kanada – hat es dagegen seit den ersten Begegnungen zwischen "Weißen" und "Indianern" auf dem nordamerikanischen Kontinent gegeben. Sie hat demnach keinen einzelnen Ursprung. Vielmehr hat diese an unterschiedlichen Orten und zu verschiedenen Zeitpunkten in Kanada stattgefunden. Der Begriff "Metis" stellt dabei heute eine juristisch-politische Kategorie dar und dient als Mittel ethnischer Selbstidentifikation einer indigenen Gruppe von Menschen unterschiedlicher kultureller Herkunft, die sich auf ein gemeinsames historisch gewachsenes politisches und soziales Erbe berufen, das sich im 19. Jahrhundert in der *Red River*-Region in Kanada ausbildete. „Metis“ kann daher offiziell nicht als Gattungsbegriff für alle kanadischen Individuen gemischter Herkunft verwendet werden. Die Anerkennung der *Metis* als „indigenes Volk“ Kanadas durch den *Constitution Act* von 1982 bedeutet indes die Erfüllung einer der zentralen Forderungen von *Metis.* Das Fehlen jeglicher exakten

---

[8] Joe Sawchuk bezeichnet diese als "Northern Metis", vgl. ders.: *The Metis of Manitoba. The Reformulation of an Ethnic Identity*, Toronto 1978, S. 7 (zit. Sawchuk 1978).

[9] L. E. Krosenbrink-Gelissen: "The Metis National Council", in: *European Review of Native American Studies* (ERNAS) 3:1 (1989), S. 39 (zit. Krosenbrink-Gelissen 1989).

[10] Siehe hierzu Foucaults Dekonstruktion des Mythos von einem "Ursprung", dem er in Anlehnung an Friedrich Nietzsche den Begriff der "Herkunft" als Alternative entgegensetzt, in: Foucault 1996, S. 69-90. Vgl. hierzu Donna Haraways Begriff der "Vielheiten", in: „Situated Knowledges: The Science Question in Feminism and the Privilege of a Partial Perspective", in: dies, *Simians, Cyborgs and Women. The Reinvention of Nature*, New York 1991, S. 183-201 (zit. Haraway 1991).

[11] Solche Indianer, die es ablehnen in Reservaten zu leben und daher nicht unter die verfassungsrechtlich verankerte Kategorie *Indian,* wie sie in den „Indian Acts“ formuliert sind, fallen.

Definition im Gesetzestext, wen die *Metis* umfassen, lässt dabei die Frage offen, wer sich heute rechtlich eindeutig zu den *Metis* zählen darf.[12]

Die Nachkommen aus indigen-europäischen Heiratsverbindungen im kanadischen Pelzhandel unterschieden sich zu einem frühen Zeitpunkt in ihrem Selbstverständnis sowohl von benachbarten europäischen als auch von indigenen Gruppen. Dagegen ist zweifelhaft, ob benachbarte Europäer ihrerseits diese Individuen ebenfalls von "Indianern" als verschieden wahrgenommen haben. Vielmehr wurden *Metis* zunächst mit nur einer Seite ihrer Herkunft identifiziert und von einigen, die noch näher zu bestimmen sein werden, daher als *Native, French, English* oder *Scots* angesehen. Erst die Entwicklung zu einer eigenständigen kulturell-politischen Gemeinschaft aufgrund ihrer spezifischen politischen und ökonomischen Lebensbedingungen in Kanada ermöglichte auch in der Außenwahrnehmung die Identifizierung einer neuen Ethnie und Nation. Die Entwicklung der *Metis* von einer rein anthropologisch definierten *Kategorie* über die Ausbildung eines Selbstbewusstseins als *Ethnie*[13] bis hin zur Formierung einer im politischen Sinne souveränen *Nation* weist dabei Merkmale einer Ethnogenese bzw. des *nation-building* auf.[14] Der Formierung zur Nation lag keine ethnische Einheitlichkeit zugrunde und weist sie bis heute nicht auf. Zudem war die Entstehung dieser zunächst selbsternannten Nation historischen Diskontinuitäten unterworfen, die auf territoriale Zurückdrängung und Abwanderung und infolgedessen auf den Zerfall von Gemeinschaften zurückzuführen sind.[15] Folglich liegt keine teleologische und lineare Genese der *Metis* vor, die einer inneren Notwendigkeit folgte. Vielmehr basiert sie auf einzelnen historischen Ereignissen, diversen geographischen Räumen und unterschiedlichen politischen Konstellationen, die durch Diskontinuität und Heterogenität gekennzeichnet sind.[16]

Die Anfänge des kanadischen *Metis*-Nationalismus lassen sich – je nach der zugrunde gelegten Definition von *Nation* – unterschiedlich bestimmen. Der Versuch einer solchen Datierung suggeriert zum einen die Illusion eines vermeintlichen Fixpunktes oder gar Ursprungs, den es in Wirklichkeit nicht gegeben hat. Zum anderen offenbaren sich in einem derartigen Unterfangen die Schwierigkeiten der akademischen Analyse einer vorwiegend auf mündlicher Tradition fußenden Kultur. Aufgrund unterschiedlicher Überlieferungstraditionen in Europa einerseits und auf dem amerikanischen Kontinent andererseits kommt es somit zu zeitlich verschiedenen Datierungen des Nationsursprungs. Diese Differenz vor Augen haltend, möchte ich in diesem Buch dennoch einen Nationsbegriff zugrunde legen, der neben der eigen-

---

[12] Vgl. Section 35 in Constitution Act, 1982, in: M. Boldt/J.A. Long (eds.): *The Quest for Justice: Aboriginal Peoples and Aboriginal Rights*, Toronto 1988, S. 364f. (zit. Boldt/Long 1988); siehe auch Martin F. Dunn 1994a.

[13] Abner Cohen sieht die ethnische Kategorie als Vorstufe zur ethnischen Gruppe. Siehe hierzu weiter im Text. Abner A. Cohen: „Introduction", in: ders. (ed.), *Urban Ethnicity*, London, 1974, S. 4 (zit. Cohen 1974).

[14] W. J. Argyle: "Size and Scale as Factors in the Development of Nationalist Movements", in: Anthony D. Smith (ed.), *Nationalist Movements*, London 1976, S. 31-53 (zit. Argyle 1976).

[15] A. Kienetz: "Metis 'Nationalism' and the Concept of a Metis Land Base in Canada's Prairie Provinces", in: *Canadian Review of Studies in Nationalism* 1988, 15 (1-2), S. 11 (zit. Kienetz 1988).

[16] Foucault 1996, S. 81.

ständigen sprachlich-kulturellen Identität einer Gruppe von Individuen politische Entscheidungsstrukturen und Institutionen ebenso berücksichtigt wie den politisch artikulierten bzw. unternommenen Versuch, ein eigenes Territorium gegen eine staatliche Autorität oder andere Siedler zu verteidigen. Dieser Ansatz stützt sich auf schriftliche Quellen, da eine mündliche Überlieferung mangels eines *oral history*-Ansatzes in dem vorliegenden Rahmen nicht nachgewiesen werden kann. In diesem Licht erscheint das Konzept der *new nation,* wie sich die *Red River Metis* seit Anfang des 19. Jahrhunderts selbst bezeichneten, als Resultat einer vorausgehenden nationalen Genese. Demnach weisen die *Metis*-Aufstände – der Kampf von *Seven Oaks* im Jahr 1816, die Schlacht von *Grand Coteau* im Jahr 1851 und die beiden folgenden Rebellionen in den Jahren 1869/70 und 1885 – Charakteristika einer nationalistischen Bewegung auf, die im vorliegenden Buch im Selbst- und Fremdverständnis der Beteiligten analysiert werden sollen.

Zwischen der offiziellen Anerkennung der *Metis* als indigenes Volk Kanadas von Seiten der kanadischen Regierung im Jahr 1982[17] und der Ausrufung einer *new nation* Anfang des 19. Jahrhunderts durch die *Metis*[18] selbst liegen mehr als 160 Jahre. Die nicht allein zeitliche Differenz zwischen kolonialer Fremdwahrnehmung und indigener Selbstwahrnehmung spiegelt keineswegs nur einen Unterdrückungsmechanismus von Seiten der mächtigeren, staatlichen Seite gegenüber einer unterlegenen Ethnie wieder. Sie verweist zugleich auf die auf beiden Seiten unterschiedliche Vorstellung dessen, was eine Nation oder ein Volk konstituiert. Dies äußert sich vor allem im unterschiedlichen nationalen Verständnis der *Metis* aus der Eigen- und der Fremdperspektive. Das Verständnis unterscheidet sich zum einen in den theoretischen Prämissen. Ein grundsätzliches Problem der Darstellung besteht dabei in der akademischen Aufbereitung dieses Themas. Diese weist die Schwierigkeit auf, dass die Mehrzahl der Rezeptionen stets auf europäische Quellen und Darstellungen rekurriert, da es lange Zeit an schriftlichen Eigendarstellungen der stärker an einer mündlichen Überlieferung orientierten *Metis* gemangelt hat. Dies hat sich in den letzten zwei Jahrzehnten allerdings deutlich zugunsten einer auch von *Metis* selbst formulierten Auffassung ihrer eigenen Geschichte und Identität gewandelt.[19] Es wer-

[17] Vgl. Section 35 in Constitution Act, 1982, in: Boldt/ Long 1988, S. 364f.

[18] Redbird 1980, S. 21-25.

[19] Frühe Versuche wurden beispielsweise durch die 1909 gegründete "Union Nationale Métisse St. Joseph de Manitoba" initiiert, die sich um die Aufzeichnung der Geschichte der *Red River Metis* bemühte. Siehe hierzu Krosenbrink-Gelissen 1989, S. 38; für die spätere Periode des 20. Jahrhunderts die Arbeiten von Lussier/Sealey 1978; Anne Anderson: *The First Metis: A New Nation*, Edmonton 1985 (zit. Anderson 1985); Redbird 1980; Dunn 1994a; die politischen Publikationen von *Metis*-Organisationen (Harry W. Daniels für Native Council of Canada 1979, sowie Martin F. Dunn für Ontario Metis and Non-Status Indian Association 1980) und autobiographische Darstellungen von Howard Adams: *Prison of Grass. Canada from a Native Point of View*, Toronto 1975 (zit. Adams 1975); Maria Campbell: *Halfbreed*, Toronto 1983 (zit. Campbell 1983); Beatrice Culleton: *In Search of April Raintree*, Winnipeg 1984 (zit. Culleton 1984). Für die Technik der „oral history" vgl. Lutz Niethammer (hg.): *Lebenserfahrung und kollektives Gedächtnis. Die Praxis der "Oral History"*, Frankfurt am Main 1980 (zit. Niethammer 1980); aus der indigenen Perspektive siehe Elisa Hart: *Getting Started in Oral Traditions Research*, Occasional Papers of the Prince of Wales Northern Heritage Centre, No.4, Government of the North West Territories, Yellowknife, NT, 1995, in: http://pwnhc.learnnet.nt.ca/ressec/otrman2.htm (zit. Hart 1995).

den zum anderen kontrastierende Auffassungen darüber vertreten, wer als Angehöriger einer *Metis*-Gemeinschaft gelten darf und wer die Kriterien der Zugehörigkeit festlegt.
Die Schwierigkeiten einer multikulturellen indigenen Existenz im nicht nur vom Antagonismus zwischen Indianern und Metis, sondern auch vom französisch-britischen Gegensatz geprägten Kanada legt jedoch zudem die Vermutung nahe, dass hier eine Gruppe von Menschen, die sich gleichsam zwischen europäischer, indianischer oder indigener Identifikation verliert, um eine eindeutig ausgerichtete Identität ringt. Diese ist nicht zuletzt deshalb von weitreichender Bedeutung für die Betroffenen, da sich aus ihr berechtigte Forderungen an die kanadischen Regierungen ableiten, die von Landansprüchen bis hin zur universellen Anerkennung als eine der Gründernationen Kanadas reichen.[20] Das Konzept der *new nation* erscheint in diesem Zusammenhang als politischer Kampfbegriff und als Mittel der Selbstbehauptung gegen einen mächtigen staatlichen Gegner. Es dient gleichzeitig als historischer Referenzpunkt für daraus abgeleitete nationalistische Forderungen.
Diesen Hypothesen möchte ich in meiner Analyse der kanadischen *Metis* nachgehen. Dabei soll die Schreibweise "Metis" (ohne *accent aïgu*) verwendet werden, um keine einseitige Ausrichtung auf die französischen *Métis* vorzugeben und von der pejorativen englischen Bezeichnung *Halfbreed*, die von einer „halbwertigen Brut" ausgeht, abzusehen. Zugleich soll diese inklusive Verwendung für die Ausweitung des Bedeutungsinhalts des Begriffs "Metis" für größere Gruppen von Menschen in Nordamerika plädieren als es *Metis*-Nationalisten gemeinhin zugestehen wollen. Diese fordern, lediglich Individuen mit gemischter Abstammung aus dem historischen Stammgebiet der *Metis* im Westen Kanadas als *Metis* anzuerkennen. Diese eingeschränkte Definition befördert die staatliche kanadische Identitätspolitik, die durch Ausgrenzung bestimmter Individuen zugunsten von anderen diese von Statusrechten entheben will. Eine Ausweitung der Definition könnte demgegenüber die Gruppe der *non-status Indians* miteinbeziehen, die in einem rechtlichen und ethnischen Vakuum verharren, durch das ihnen grundlegende Rechte und Ressourcen verwehrt werden.

Im ersten allgemein-historischen Teil über die Beziehungen zwischen indigenen Völkern und Europäern im kanadischen Pelzhandel und die frühe Fremdwahrnehmung der *Metis* durch die Europäer wird der Prozess der ethnischen Stereotypisierung der *Metis* nachgezeichnet, die sich auch in der rechtlichen Kategorisierung durch den kanadischen Staat widerspiegelt.[21] Die historische Genese des Terminus "Metis" und

[20] Daniels 1979, S. 3-13, hier S. 4: "*I suggest that there were more founding cultures in Canada than the present debate is prepared to include. More particularly, I speak of the Metis people – the Metis Nation – a people who once enjoyed independence and interdependence with the rest of Canadian society as a culturally vibrant and, at one time, economically viable society. We must consider the major role the Metis Nation played in unifying this country during its infancy and how much our presence here influenced the course of history*".

[21] Bei der Analyse der Fremdperspektive wurde der Blickwinkel der übrigen indigenen Nachbarn der *Metis* eher weniger berücksichtigt. Es lässt sich jedoch feststellen, dass auch aus dieser Perspektive im allgemeinen eine zumeist abgrenzende bis feindliche Wahrnehmung der *Metis* als "halbwertige" Individuen vorherrschend ist. Beispielsweise die *Cree*-Bezeichnungen "Halbindianer" und "kein echter Weißer"

die Darstellung der *Metis*-Ursprünge in Nordamerika sind Gegenstand in folgenden Kapiteln. Sie verdeutlichen die Vielfältigkeit einer *Metis*-Identität,[22] die aus der Fremd- und der Eigenperspektive sowohl begriffshistorisch als auch geographisch festzustellen ist. Diese Analyse basiert auf der Nietzscheanischen Vorstellung einer vielfältigen *Herkunft* im Gegensatz zu der Annahme eines einheitlichen, originären *Ursprungs*.[23] Der Begriff der "Herkunft" erscheint für die Darstellung der Komplexität der *Metis*-Genese angemessener als rein wirtschaftshistorische Darstellungen.[24] Der Ursprungsmythos einer *Metis*-Nation kann somit erfolgreich dekonstruiert werden ohne dabei ihren vielfältigen Charakter zu negieren oder die *Metis*-Nation als politisches Konzept grundsätzlich in Frage zu stellen. Das Gegensatzpaar "Herkunft-Ursprung" wird in diesen Kapiteln in der Behandlung der Eigenperspektive der *Metis* wieder aufgenommen und anhand der Ausführungen von *Metis*-Autoren veranschaulicht. Bei der Analyse des Konzepts einer *Metis*-Nation im Fremd- und Eigenverständnis wird die Differenz der Eigenperspektive vor allem in ihrer bewusst subjektiven Positionierung gesehen, die die eigenen politischen Ziele nicht verhehlt und als Instrument der Öffentlichmachung und Durchsetzung derselben dient. Beim Fremdverständnis wird hingegen deutlich, dass mit der Betonung auf einer vermeintlich objektiven Forschungsperspektive versucht wird, vorwiegend die Differenzen und Widersprüche innerhalb des Konzepts einer *Metis*-Nation offen zu legen.

verdeutlichen diese Kategorisierung. Maria Campbell stellt in ihrer Autobiographie heraus, dass zwischen *Metis* und Indianern zumeist keine freundschaftlichen Beziehungen herrschten. Siehe Campbell 1983, S. 26.

[22] E. H. Erikson: *Identität und Lebenszyklus*, Frankfurt 1993 (zit. Erikson 1993); R. Kegan: *Die Entwicklungsstufen des Selbst*, München 1986 (zit. Kegan 1986).

[23] Vgl. Foucault 1996, S. 69-90.

[24] Auf diese Ansätze wird im folgenden einzugehen sein.

1. Indigen-europäische Beziehungen in Kanada und die frühe Fremdwahrnehmung der Metis

Kooperation zwischen indigenen Völkern und Europäern im kanadischen Pelzhandel

Als ab dem 11. Jahrhundert Wikinger, europäische Fischer und Entdeckungsreisende im Norden des nordamerikanischen Kontinents eintrafen, wurden sie mit einer Jahrtausende zurückreichenden Besiedlung dort lebender Völker konfrontiert, die als autonome Stämme mit diversen Sprachen und Kulturen über eigene Gesellschaftsformationen verfügten.[25] Die Hauptmotivation auch späterer Reisender an die Ostküste Kanadas bestand in der Sicherung von Bodenschätzen, der Suche nach einer Route in den Orient, der Fischerei und schließlich dem Handel, vorwiegend im Pelzgeschäft.[26] Expeditionen wie die John Cabots 1497, Jacques Cartiers 1534 und Samuel de Champlains 1603 ins heutige Québec waren neben Erkundungseifer auch durch Hoffnungen auf finanzielle Gewinne getragen und wurden dementsprechend von Geldgebern des Heimatlandes unterstützt.[27] Die Heimatregierungen Frankreichs und Großbritanniens waren dabei vor allem an der Ausweitung ihres Machtbereichs durch Handelspolitik interessiert.[28] So waren die wenigen frühen Siedlungsgründungen – wie beispielsweise 1605 in Port Royal durch de Monts und 1608 in Québec durch de Champlain – bereits auf ökonomische Effizienz im Pelzhandel ausgerichtet.[29]
Die Erschließung des nordamerikanischen Kontinents für den europäischen Handel erfolgte ab dem 17. Jahrhundert vorwiegend durch Angestellte der Pelzhandelsgesellschaften, die zunächst nur an kurzfristigem ökonomischem Gewinn interessiert waren. Dabei bildeten sich in Kanada zwei zentrale Pelzhandelstraditionen heraus, die unterschiedliche Strategien in der Frage des Kontakts zwischen Europäern und Indigenen verfolgten. Während der französische Pelzhandel an den *St. Lawrence Great Lakes Water Systems* an der kanadischen Ostküste auf einer engen Kooperation mit indigenen Völkern basierte, lag den Engländern und Schotten der *Hudson Bay* im Landesinneren an solchen Kontakten eher weniger und sie versuchten daher, sie zunächst zu unterbinden. Diese Differenz hat der *Metis*-Historiker Martin Dunn in der folgenden humoresken Gegenüberstellung zusammengefasst: "*While the French*

[25] Vgl. Diamond Jenness: *The Indians of Canada*, Toronto 1980 (zunächst publiziert 1932 als *Bulletin 65, Anthropological Series No. 15 of the National Museum of Canada*, Ottawa (zit. Jenness 1980).
[26] Bruce G. Trigger: *Natives and Newcomers: Canada's "Heroic Age" Reconsidered*, Montreal 1986, S. 7 (zit. Trigger 1986).
[27] Vgl. Brian Slattery: "Did France Claim Canada Upon 'Discovery'?", in: J. M. Bumsted (ed.), *Interpreting Canada's Past, Vol. I: Before Confederation*, Toronto 1986, S. 2-26 (zit. Slattery 1986) und Cornelius J. Jaenen: "The Meeting of the French and Amerindians in the Seventeenth Century", ebd., S. 27-39 (zit. Jaenen 1986).
[28] John E. Foster: „The Métis: the People and the Term", in: *Prairie Forum* 3, no. 1 (Spring 1978), S. 81f. (zit. Foster 1978).
[29] Vgl. Trigger 1986, S. 7.

were making love, the English were making treaties."[30] Als sich die französische Strategie jedoch als effizienter herausstellte, begannen auch Engländer und Schotten, indigen-europäische Allianzen amtlich spätestens ab 1719 zu fördern.[31]
Die zwei zentralen Pelzhandelsgesellschaften in Kanada waren die 1670 gegründete englische *Hudson's Bay Company* (HBC) an der Hudson Bay und die schottische *North West Company* (NWC) in Montréal, die offiziell erst 1779 gegründet wurde. Beide Gesellschaften befanden sich seit Anfang des 19. Jahrhunderts in zunehmender Konkurrenz um die Gunst der Völker des kanadischen Nordwestens. Nachdem die HBC nach anfänglicher Konzentration an der *Hudson Bay* ihre Expeditionen ab Mitte des 18. Jahrhunderts auch ins Landesinnere auszudehnen begonnen hatte, gelang es ihr, die Konkurrenz mit der NWC durch eine Fusion beider Gesellschaften unter ihrem eigenen Namen 1821 zu beenden.[32] Die *Metis* arbeiteten anfänglich für beide Gesellschaften in fast jeder erdenklichen Funktion, die im Pelzhandel von Bedeutung war. So waren sie als Anführer, Kanufahrer, Händler, Fischer, Büffeljäger und Trapper tätig.[33] Ab dem 17. Jahrhundert reisten schließlich verstärkt Händler, Missionare und Regierungsbeamte in Kanada ein, um den nordamerikanischen Kontinent für den europäischen Handel zu erschließen. Eine permanente Besiedlung wurde zu diesem Zeitpunkt jedoch nicht von ihnen angestrebt.[34] Die Biberjagd bildete dabei die Hauptgrundlage für den Handel mit Pelzen, in dem einige der zahlenmäßig den Neuankömmlingen aus Europa überlegenen indigenen Völker wegen ihrer Landeskenntnisse und Fertigkeiten eine entscheidende Rolle einnahmen. Diese reichte von der Erschließung des Jagdterritoriums, der Jagd selbst, der Versorgung der Europäer mit Nahrungsmitteln bis hin zur Integrierung anderer indigener Völker in das Pelzhandelssystem.[35] Ungeachtet ihrer vielfältigen und diversen Kulturen, Sprachen und Riten wurden alle indigenen Völker häufig undifferenziert unter der verallgemeinernden Bezeichnung *Indianer* subsumiert[36] und dementsprechend stereotypisiert

[30] Vgl. Ontario Métis and Non-Status Indian Association (OMNSIA): *Historical Background of the Claims of Métis and Non-Status Indians in Ontario*, Ontario 1980, ehemals zu finden unter: http://www.cyberus.ca/~mfdunn/metis/Papers/omnsia/claims.html, S. 12 (zit. OMNSIA 1980).

[31] R. J. Surtees: "The Development of an Indian Reserve Policy in Canada", in: J. K. Johnson (ed.), *Historical Essays on Upper Canada*, Toronto 1975, S. 262 (zit. Surtees 1975).

[32] Vgl. Harold Innis' mittlerweile nicht mehr ganz stimmige Darstellung, die jedoch für zentrale Ereignisse immer noch als Standardwerk gelten kann. Harold Innis: *The Fur Trade in Canada*, Toronto 1962 (zit. Innis 1962).

[33] Julia Harrison: *Metis*: *People Between Two Worlds*, Vancouver/Toronto 1985, S. 18 (zit. Harrison 1985).

[34] Trigger 1986, S.7.

[35] Ebd. Vgl. auch J. R. Miller: „Introduction", in: ders. (ed.), *Sweet Promises. A Reader on Indian-White Relations in Canada*, Toronto 1992, S. vii (zit. Miller 1992).

[36] Vgl. Trigger 1986, S. 8. Die Gesamtzahl der indigenen Völker zum Zeitpunkt der europäischen Einwanderung ist schwer zu ermitteln. Aus europäischer Perspektive wird jedoch später, zu Beginn des 19. Jahrhunderts, zumindest in einer Quelle davon ausgegangen, dass allein in *Rupert's Land*, dem Territorium, auf dem die HBC 1670 das Handelsprivileg durch den englischen König Charles II. zugesprochen bekam, schätzungsweise etwa 50.000 Indigene lebten. Diese Schätzung geht auf die Aufzeichnungen George Simpsons aus dem Jahr 1857 zurück, in der er von 42.840 Indigenen spricht. Vgl. *Report from the Select Committee on the Hudson's Bay Company* (P.P. 1857, Session 2, XV), S. 57, zit. nach Stanley 1992, S. 9. Vermutlich gingen die Schätzungen der Indianer selbst weit darüber hinaus.

wahrgenommen.[37] Entdeckungsreisende wie Henry Kelsey im Jahr 1690 oder Anthony Henday im Jahr 1755 wurden von Pelzhandelsgesellschaften damit beauftragt, diverse Stämme im Landesinneren ausfindig zu machen und eine Kooperationsebene mit ihnen zu finden.[38] Frühe Handelsbeziehungen zwischen europäischen Fischern und indigenen Völkern im 15. Jahrhundert am Atlantik weiteten sich somit schließlich im 17. Jahrhundert zu Tauschverträgen und zum Pelzhandel auch im Landesinneren aus. Dabei gelangten die indigenen Völker in den Besitz von ihnen zuvor unbekannten Eisenprodukten, Waffen und Alkohol, während die Europäer hauptsächlich an Pelzen interessiert waren.[39]
Parallel hierzu lässt sich Kanadas historische Entwicklung nach der europäischen Einwanderung vor allem unter dem Blickwinkel des wirtschaftlichen und politischen Dauerkonflikts und Machtstrebens zwischen Franzosen und Briten fassen.[40]

In den Kolonialkriegen des 17. Jahrhunderts, die zwischen Briten, Franzosen und indigenen Stämmen hauptsächlich um die Aufteilung des Territoriums und der Machtsphären geführt wurden, waren beide europäischen Seiten auf Allianzen mit der indigenen Bevölkerung des von ihnen erkundeten und anschließend für den Pelzhandel ausgebeuteten Kontinents angewiesen. Es wird gerne von *Metis* selbst darauf hingewiesen, dass es vor allem die *Great Lakes Metis* waren, die diese militärische Balance gewährleisteten.[41] Zwischen Briten und Franzosen herrschte dabei eine intensive Konkurrenz um die Gunst der indigenen Völker vor, die sie durch Tauschhandel jeweils für sich zu gewinnen suchten.[42] Die Phase bis zum 19. Jahrhundert war demnach vorwiegend durch Annäherung, Wohlwollen und Kooperation auf beiden Seiten geprägt. Dies erklärt sich sowohl aus dem gegenseitigen ökonomischen Interesse als auch der von vielen als prinzipiell höher gepriesenen Toleranz der indigenen Völker gegenüber den eindringenden Europäern, die ihrerseits vorwiegend mit Neugier und Erkundungseifer an die unbekannten Stämme herangingen.[43] Das Verhältnis wandelte sich erst durch die Versuche der Europäer, während des 19. Jahrhunderts ihre Herrschaft über die indigenen Völker in Kanada durch territoriale Zurückdrängung, eine Identitätspolitik, der es mehr um Ausgrenzung denn um Einbeziehung ging, und die Festschreibung eines französisch-britischen Staatsgründungsmythos zu errichten.[44]

---

[37] Dagegen waren die diversen Stämmen des Nordwestens Kanadas in die drei Sprachgruppen der Algonkin, Athabascan und Siouan unterteilt. Unter den Algonkin befanden sich die Cree, Ojibwa, Saulteaux, Blackfeet, Bloods und Piegans. Unter den Athabascan waren es die Sarcees, Beavers, Chipewya und andere nördlichen Stämme. Die Siouan schließlich setzten sich aus Assiniboines oder Stonies und einigen Sioux zusammen. Siehe hierzu Anderson 1985, S. 32 und Stanley 1936, S. 3f.

[38] Stanley 1936, ebd.

[39] Miller 1992, S. viii.

[40] J. M. Bumsted: "Loyalists and Nationalists: An Essay on the Problem of Definition", in: ders. 1986, Vol. I, S. 139-152 (zit. Bumsted 1986).

[41] OMNSIA 1980, S. 12.

[42] Miller 1992, S. IX.

[43] Vgl. zu Religion und Glaubensauffassungen der indigenen Völker Diamond Jenness, in: Miller 1992, S. 441-446.

[44] OMNSIA 1980, S. 19.

Und Europa weiß nicht einmal, was es selbst ist, welche Rassen sich in ihm gemischt haben; es sucht nach seiner Rolle, weil es keine Individualität besitzt.[45]

Michel Foucault

Die ethnologischen Perspektiven der Europäer auf die Metis in frühen Darstellungen

Gleichwohl herrschte von Anbeginn der europäischen Einwanderung nach Kanada in den Köpfen der Einreisenden ein negatives Indianerbild vor, das durch Stereotype und Ignoranz gekennzeichnet war.[46] Darstellungen der indigenen Völker von Anthropologen und Historikern fielen oftmals verkürzt, wertend oder geradewegs pejorativ aus. So sagten diese häufig mehr über die Vorurteile des Autors aus als über die Vielfalt und Komplexität indigener Völker.[47] Rassistisches europäisches Gedankengut hatte auch auf dem amerikanischen Kontinent Verbreitung gefunden. So wurden rassentypische Theorien auf die *Metis* angewandt, die aufgrund ihrer multikulturellen Herkunft den als "biologisch homogen" dargestellten Franzosen gegenüber als minderwertig angesehen wurden.[48] Solche Konstruktionen, die in anderer Form ebenso für die übrigen indigenen Völker verbreitet wurden, unterschieden sich ab dem 19. Jahrhundert von vorhergehenden ethnischen Stereotypisierungen in ihrer Betonung vermeintlich unveränderlicher biologischer Differenzen für die Erklärung von Varianten menschlicher Verhaltensweisen und Merkmale.[49] Demgegenüber gab es Korrektive, die Völkermischung als natürliche Entwicklung und kulturellen Gewinn darzustellen bemüht waren. Der schottische Archäologe Daniel Wilson war bestrebt, in seinen Schriften die rassistischen Vorurteile von der natürlichen Überlegenheit der Europäer zu entkräften. In den *Metis* des kanadischen Westens sah Wilson den lebenden Beweis für die Fruchtbarkeit kultureller Mischung.[50]

---

[45] Foucault 1996, S. 84.

[46] Vgl. Hartmut Lutz: *„Indianer" und „Native Americans": Zur sozialhistorischen Vermittlung eines Stereotyps*, Hildesheim 1985 (zit. Lutz 1985).

[47] Vgl. für die englischsprachige Historiographie Francis Parkman: *The Conspiracy of Pontiac and the Indian War after the Conquest of Canada*, Toronto 1851 (zit. Parkman 1851) und William Robertson: *The History of America*, London ²1778 (zit. Robertson 1778). Siehe für die französischsprachige Historiographie Benjamin Sulte: *Histoire des Canadiens-français*, Montréal 1882-4 (zit. Sulte 1882-4) und Lionel-Adolphe Groulx: *La naissance d'une race*, Montréal: Bibliothèque de l'Action française 1919 (zit. Groulx 1919). Vgl. auch Jacqueline Peterson: "Many Roads to Red River", in: Peterson, Jacqueline/Jennifer S. H. Brown (eds.): *The New Peoples: Being and Becoming Métis in North America*, Winnipeg 1987, (zit. Peterson/Brown 1987), (37-71), S. 39 (zit. Peterson 1987). Sie stellt ähnliche Konstruktionen für Autoren über die *Metis* in den 1820er Jahren fest und führt dies auf ein vorherrschendes rassistisches Vorurteil im Kanada und den USA des frühen 19. Jahrhunderts zurück.

[48] Sulte 1882-4. Vgl. hierzu: Serge Gagnon: *Québec and its Historians 1840 to 1920*, Montréal 1982, S. 71 und 90-1 (zit. Gagnon 1982).

[49] Vgl. Trigger 1986, S. 34.

[50] Ders., S. 41.

Rassistisch geprägtes europäisches Gedankengut war durch die Auseinandersetzungen um das Konzept der "Zivilisation" gespeist worden. Diese von den Europäern ausgehende Vorstellung der eigenen Überlegenheit prägte das Verhältnis zwischen indigenen Völkern und Europäern nachhaltig. Der Standard für Zivilisation wurde dabei stets von den Europäern gesetzt, ja die gesamte Debatte um diesen vermeintlichen „kulturellen Gipfel" von ihnen angefacht. Indianer thematisierten den Begriff der „Zivilisation" gar nicht, denn für sie war ihre Lebensweise eine natürliche Konsequenz ihres Lebens in und mit der Natur und ihren Kreationen und Kreaturen. Hinter der Vorstellung der Weißen, ob protestantisch oder römisch-katholisch, verbarg sich das Bild von einem fortschreitenden teleologischen Prozess der Menschheit von einem wilden Zustand, über die Barbarei hin zum Heil der sogenannten "Zivilisation".[51] Diese beständigste der europäischen Ideen – die Vorstellung von der Zivilisation – weitete sich nach Emma LaRoques Einschätzung im Laufe der Jahrhunderte zu einer regelrechten Ideologie aus.[52] Präziser gesprochen handelte es sich um eine Ideologie der Überlegenheit gegenüber sogenannten "primitiven" Völkern. Stephen Greenblatt verweist in seiner Analyse "*Wunderbare Besitztümer. Die Erfindung des Fremden: Reisende und Entdecker*" auf die möglichen Gründe für dieses eigentümliche Überlegenheitsgefühl der Europäer:

"Von sehr wenigen Ausnahmen abgesehen, fühlten sich die Europäer fast allen Einheimischen, auf die sie trafen, mächtig überlegen. (...) Die Quellen dieses Überlegenheitsgefühls lassen sich nur schwer angeben, aber die christliche Überzeugung, dass die Europäer eine absolute und ausschließliche religiöse Wahrheit besäßen, hat zweifellos in fast allen kulturellen Begegnungen eine wichtige Rolle gespielt. Oftmals hing diese Überzeugung mit dem zusammen, was Samuel Purchas im frühen 17. Jahrhundert als die "Überlegenheit der Schrift" bezeichnete. Der Narzissmus, welcher der eigenen Rede vermutlich immer anhaftet, wurde durch den Besitz einer Technologie zur Aufbewahrung und Vervielfältigung dieser Rede noch verstärkt."

In der Vorstellung der Europäer waren Zivilisation und Frömmigkeit demnach solchen Völkern gegeben, die über die Schrift verfügten und damit zugleich über eine Technik, um ihre Vergangenheit oder Geschichte zu konservieren und gegebenenfalls zu memorieren, als auch die Technologien für deren Vervielfältigung besaßen, Barbarei und Rohheit hingegen bei denen, welchen es daran mangelte. Der von Greenblatt zitierte englische Reiseberichterstatter Samuel Purchas vertrat die These, dass die Schrift der Rede durch das Hinausgehen über den jeweiligen Augenblick des Sprechens überlegen sei.[53] Die Schrift stellt gemeinhin gleichzeitig das Medium der Konservierung eines Quellenbestands dar, auf dem im Westen die Konstruktion der eigenen Geschichte basiert. Zahlreiche indigene Völker, so auch die *Metis*, orientierten sich jedoch stärker an einer mündlichen Tradition, so dass das Erinnern der eige-

[51] Emma LaRoque: „The Metis in English Canadian Literature", in: *Canadian Journal of Native Studies* 3, no. 1 (1983), S. 86 (zit. LaRoque 1983).

[52] LaRoque verwendet das Wort "Weltanschauung" in diesem Zusammenhang. Siehe dies., S. 86.

[53] Ebd., S. 22.

nen Geschichte über die mündliche Überlieferung vollzogen wurde und dadurch für die Außenwahrnehmung durch Fremde zunächst unsichtbar und unverständlich blieb.[54]
Die weitreichende Akzeptanz und der Erfolg des "kulturellen Mythos" von der Zivilisation, wie ihn Francis Jennings benennt,[55] hat dazu geführt, dass die vorwiegend einer mündlichen Überlieferungstradition verpflichteten *Metis* ebenfalls in dieses simplifizierende Schema eingefügt wurden, und zwar gleichsam als Zwischenstufe zwischen "primitiven Indianern" und "fortschrittlichen Europäern" bzw. als Angehörige einer Ethnie, der der komplette Übergang zur fortschrittlichen Kultur nicht ganz gelungen sei, da sie zahlreiche indigene Elemente beibehalten hat und sich teilweise auf ihr indigenes Erbe beruft.[56] Andererseits sehen einige Autoren in den *Metis* geradezu das Symbol des Übergangs von einer "primitiven" zu einer "fortschrittlichen" Lebensweise.[57] Damit ist die Verdrängung einer rein nomadischen Lebensform durch agrarische und semi-nomadische Elemente gemeint, infolgedessen die *Metis* zwar durch die Umstellung ihrer Verhaltensweisen zunächst große Flexibilität bewiesen, als Ethnie jedoch zunehmend zurückgedrängt wurden und durch den Verlust ihrer ursprünglichen Lebensform als Gemeinschaften auseinanderfielen.[58]

Die folgende Analyse früher Fremdwahrnehmungen der *Metis* will durch ihre einseitige Wiedergabe der europäischen Perspektive nicht in die Dichotomie früher Darstellungen der "aktiven Europäer versus passive Indianer" zurückfallen. Sie soll vielmehr die ethnische und rassistische Stereotypisierung, der indigene Menschen ausgesetzt waren, veranschaulichen, die auf der Einwandererseite dazu diente, als Teil eines ideologischen Zivilisationskonzepts die Vorstellung von der weißen Überlegenheit festzuschreiben. Auf der anderen Seite resultierte diese ideologische Verzerrung und stereotypisierte Verkürzung darin, dass sich indigene Menschen einem Gefühl der Unterlegenheit und Unzulänglichkeit auslieferten, das zu ihrem Scheitern innerhalb einer von Weißen dominierten Gesellschaft beitrug.[59] Eine prinzipielle Einheitlichkeit der Wahrnehmung von indigenen Menschen kann daraus jedoch nicht abgeleitet werden, da sie nach sozialem Status, beruflicher Funktion, Hautfarbe und vielen anderen Faktoren auf beiden Seiten variabel war.[60]

[54] Vgl. Hart 1995.
[55] Francis Jennings: *The Invasion of America. Indians, Colonialism and the Cant of Conquest*, Chapel Hill 1975 (zit. Jennings 1975).
[56] LaRoque 1983, S. 87.
[57] Vgl. für diese Sichtweise vor allem Marcel Giraud: *Le Métis canadien: Son rôle dans l'histoire des provinces de l'Ouest*, 3 vols., Paris (Institut d'Ethnologie) 1945 (reprint: St. Boniface 1984), (zit. Giraud 1945).
[58] Vgl. Marcel Giraud 1945 und Joseph K. Howard: *Strange Empire: Louis Riel and the Métis People*, Toronto 1974 (zit. Howard 1974).
[59] Vgl. in *Metis*-Autobiographien von Campbell 1983, Adams 1975 und Culleton 1984.
[60] Vgl. Cornelius Jaenen: „French Attitudes towards Native Society", (zit. Jaenen 1980), in: Carol M. Judd/Arthur J. Ray (eds.), *Old Trails and New Directions. Papers of the Third North American Fur Trade Conference*, Toronto 1980 (zit. Judd/Ray 1980), S. 59-72.

Die Wahrnehmung der *Metis* wurde zunächst vor allem durch die schriftlich festgehaltenen Darstellungen europäischer Beobachter, die in der Funktion als Präriereisende, Pelzhändler oder Siedler häufig mit einem vorgeprägten Überlegenheitsgefühl berichteten, bestimmt.[61] So ist es kein Zufall, dass in diesen frühen Beschreibungen kaum ein Bewusstsein für die gesellschaftliche und politische Organisation eigenständiger *Metis*-Identitäten zu finden ist. Statt dessen dominieren biologistische Hinweise auf das äußere Erscheinungsbild und die Fähigkeiten der *Metis*. Diese sind unverkennbar von einem romantisierenden Indianer- und Präriebild bestimmt.[62]

Aus diesen frühen Äußerungen spricht zwar wegen der eigenen Unzulänglichkeit in der Wildnis häufig auch Bewunderung für die Anpassungsfähigkeit der *Metis* an die Gegebenheiten widriger Naturumstände, parallel dazu wird jedoch ein romantisierendes *Metis*-Bild, das in der Tradition der Vorstellung vom glücklichen, aber gesellschaftsunfähigen Primitiven steht, um eine zivilisatorische Kritik an ihrer vermeintlich naturbedingten Charakterschwäche erweitert. Augenfällig ist zudem die häufige Unterscheidung zwischen französischen und englischen *Metis*, denen verschiedene Mentalitäten und Charaktermerkmale zugesprochen werden.
Erste Äußerungen, wie beispielsweise die des NWC-Angestellten Colin Robertsons über die *Red River Metis* nach 1812 – *"They think themselves the happiest people in existence and I believe they are not far mistaken."*[63] – spiegeln eine oberflächliche Betrachtung wieder, die sich auch in späteren Beobachtungen findet. Der Historiker Alexander Ross bestätigt Robertsons Auffassung in nüchterneren Worten:

"They are great in adventuring, but small in performing; exceedingly plausible in their dealings. Still, they are oftener more useful to themselves than to others, and get through the world the best way they can, without much forethought or reflection. Taking them all in all, they are a happy people."[64]

Das Bild des glücklichen, da sorglosen Primitiven ist im 19. Jahrhundert ein wiederkehrender Topos in frühen Beschreibungen indigener Völker. Diese Berichte stützten sich stark auf Stereotype der französischen Aufklärung und auf eine falsch interpretierte Auslegung Jean-Jacques Rousseaus Bild des "edlen Wilden".[65] William Robertsons Kulturanthropologie hat schließlich ihren Beitrag zur Verbreitung ähnlicher Konzepte für den nordamerikanischen Kontinent geleistet.[66] Indianer und viele andere Indigene mögen tatsächlich glücklicher und sorgenfreier gelebt haben als viele Euro-

---

[61] LaRoque 1983, S. 86f.

[62] Vgl. hierzu Brigitte Georgi: *Der Indianer in der amerikanischen Literatur. Das weiße Rassenverständnis bis 1900 und die indianische Selbstdarstellung ab 1833*, Köln 1982 (zit. Georgi 1982); Lutz 1985.

[63] Zit. nach Howard 1974, S. 40f.

[64] Alexander Ross: *Red River Settlement: Its Rise, Progress and Present State*, London 1856, S. 193 (zit. Ross 1856).

[65] Jean-Jacques Rousseau: *Discours sur l'origine et les fondements de l'inégalité parmi les hommes*, Paris 1754 (zit. Rousseau 1754). Vgl. hierzu: Arthur O. Lovejoy: "The Supposed Primitivism of Rousseau's Discourse on Inequality", in: *Modern Philology* 21 (1923/24), S. 165-168 (zit. Lovejoy 1923/24).

[66] Robertson 1778.

päer zu dieser Zeit, zumal sie Konkurrenzdruck vor Ankunft der Europäer noch nicht so stark spürten bzw. auf andere, nicht-monetäre Weise. Die Metis passten sich den Gepflogenheiten der Europäer später eventuell stärker an. Jedoch ist eine Beurteilung von außen, zumal in Unkenntnis der Sprache oder der tatsächlichen Problemlagen und Krisen äußerst schwierig. Zudem ist „Glück“ eine höchst individuell wahrgenommene Kategorie, die jede/r eher für sich selbst definieren kann als es andere mit ihrem subjektiv von ihren eigenen Vorstellungen gefärbten Blick von außen vermögen.
In Bezug auf die *Metis* bildet der Earl of Southesk in den Reihen der frühen Beobachter dieses vermeintlichen Glücks eine seltene Ausnahme. So ist er in seinen Berichten bemüht, den Vorurteilen der Europäer gegenüber den *Metis* zu begegnen:

"Too many at home have formed a false idea of the half-breeds, imagining them to be a race little removed from barbarians in habits and appearance...I doubt if a half-breed, dressed and educated like an Englishman, would seem at all remarkable in London society. They build and farm like other people, they go to church and to courts of law, they recognize no chiefs (except when they elect a leader for their great hunting expeditions), and in all respects they are like civilized men, not more uneducated, immoral, or disorderly, than many communities in the Old World."[67]

An anderer Stelle preist Southesk – entgegen dem üblichen viktorianischen Überlegenheitsgefühl, jedoch in einer Beschwörung des aufkommenden Körperkults – die anatomischen Vorzüge der *Metis*, die er verallgemeinernd mit den Engländern und Schotten kontrastiert:

"Physically they are a fine race, tall, straight, and well proportioned, lightly formed but strong, and extremely active and enduring. Their chests, shoulders and waists are of that symmetrical shape so seldom found among the broad-waisted, short-necked English, or the flat-chested, long-necked Scotch."[68]

Diese zumeist positiven Betrachtungen werden durch andere Autoren durch nega-tive Beschreibungen ergänzt, denen eine Tendenz zur Romantisierung und Verklär-ung der *Metis* zwar fehlt, aber denen stets ein Moment des europäischen Überlegenheitsgefühls anhaftet, das sich nicht immer so offenkundig äußert wie in der folgenden Kritik Alexander Ross' an der vermeintlichen Charakterschwäche der *Metis*:

"A Canadian[69] *or half-breed able to exhibit a fine horse, and gay cariole, is in his glory; this achievement is at once the height of his ambition, and his ruin. Possessed of these, the thriftless fellow's ambition goes to ruin; he is never at home, but driving and carioling in*

[67] The Earl of Southesk: *Saskatchewan and the Rocky Mountains. A Diary and Narrative of Travel, Sport, and Adventure. During a Journey through Hudson's Bay Company's Territories, in 1859 and 1860*, Edmonton, repr. 1969, S. 360-1, zit. nach Stanley 1992, S. 7.
[68] Ebd., S. 359, zit. nach Stanley 1992, S. 7.
[69] "Canadian" oder "Canayen" wurde stellenweise als Bezeichnung für französische Métis oder französische Kanadier verwendet. Vgl. Dunn 1994a.

all places, and every opportunity; blustering and bantering every one he meets. The neighbourhood of the church on Sundays and holy days has all the appearance of a fair; and whether arriving or returning, the congregation is deafened by the clamour, and shocked by the varieties of these braggarts."[70]

Den *Metis* wird hier als naturverbundenem Volk implizit eine Unfähigkeit für das Leben in einer "zivilisierten" Gesellschaft attestiert, da sich unkontrollierte Ausgelassenheit und Lebensfreude in der Vorstellung der berichtenden Europäer nicht mit der für die Erfolgsideologie des Protestantismus[71] grundlegenden Triebkontrolle verträgt. In diesem Mangel, der aus der zumeist nomadischen Lebensweise von *Metis* konstruiert wird, erblicken die Kritiker der *Metis* die Erklärung für deren Unfähigkeit Ackerbau zu betreiben und somit an einer in ihren Augen höher stehenden Lebensweise teilzuhaben. Diesem Aspekt europäischen Fremdverständnisses kommt daher eine grundlegende Bedeutung zu, da es für die kanadische Expansionsbewegung, die den Kontinent von Osten her Richtung Westen erschließen wollte, die Rechtfertigung für die Zerstörung einer "überholten" Lebensweise liefert. Diese vor allem durch die anglokanadische *Canada First*-Bewegung[72] vertretene Ideologie von den minderwertigen *Metis* wird noch um die Verachtung für deren mehrheitlich franko-indianische Herkunft erweitert und somit im britisch-französischen Konflikt um die Aufteilung des Territoriums und der Machtbereiche in Kanada rassistisch funktionalisiert. In einem Schreiben Charles Mairs an die Zeitung *Toronto Globe* äußert sich dies folgendermaßen:

"...The instinct of the English-speaking native, led him to the farm, the instinct of the French-speaking native, urged him to the chase. The reciprocal effect of character upon the savages with whom they intermingled, exhibits a difference in mental constitution, not owing to external circumstances or altered modes of life, but radical and innate. In general, the Frenchman married the Indian and sank to the level of her tastes and inclinations. In general, the Englishman married the Indian and raised her to the level of his own..."

Schließlich konstruiert Mair aus diesem generalisierenden Vergleich, aus dem die Vorstellung von der Überlegenheit der Landwirtschaft über die "primitive Jagd" spricht, die Bestimmung der Briten für eine imperiale Kolonialpolitik auf dem nordamerikanischen Kontinent und weist die Franzosen auf den Kontinent Europa zurück.[73]

---

70 Ross 1856, S. 196.

71 Siehe hierzu die Ausführungen des schottischen Kulturanthropologen William Robertson.

72 Vgl. hierzu Doug Owram: *The Canadian Expansionist Movement and the Idea of the West 1856-1900*, Toronto 1980 (zit. Owram 1980); vgl. auch Denison und Mair in Stanley 1992, S. 54.

73 Stanley 1992, S. 54.

Rechtliche Perspektiven des kanadischen Staates

Der oben eindringlich dargestellte und für die kanadische Geschichte grundlegende französisch-britische Antagonismus auf dem nordamerikanischen Kontinent wurde von Anbeginn durch die auf beiden Seiten vertretenen Nationalismus-Konzepte gespeist. Beide Völker verfügten noch bei Eintritt in den 1867 gegründeten kanadischen Staat über ein ausgeprägtes Nationalbewusstsein, das sie jeweils aus ihren Heimatländern in den neuen Kontinent einbrachten. So berufen sich beide Nationen für ihr nationales Bewusstsein auf Abstammung, Sprache und Konfession. Für die mehrheitlich katholischen Franzosen bildete zudem die Niederlage gegen die Briten nach dem *Siebenjährigen Krieg* von 1756-1763 eine prägende Erfahrung, die sich noch heute im virulenten Nationalismus Québecs äußert.[74] Der britische Sieg schien für die französischen Kanadier und die indigenen Völker die Unterwerfung unter britische Dominanz zu bedeuten. Im *Québec Act* von 1774 wurden den Franzosen jedoch weitreichende Rechte eingeräumt und allen Völkern in einem fortan machtpolitisch von den Briten dominierten Kanada auf dem Papier Religions- und Sprachfreiheit gewährt.[75]

Der indigene Bevölkerungsteil Kanadas war bereits vor der Gründung der kanadischen Konföderation durch den *British North America Act* im Jahr 1867 mit Hilfe von Rechtskonstruktionen zunehmend einer Identitätspolitik unterworfen worden.[76] Dieser kam neben der Ausübung staatlicher Kontrolle auch die Funktion ihrer Entrechtung durch Kompensationsleistungen zu. Mit der *Royal Proclamation* von 1763 war es den Briten gelungen, eine Demarkationslinie zwischen indianischem und europäischem Territorium zu ziehen, die nur durch den Eingriff der britischen Krone verändert werden konnte. Diese zielte darauf ab, den Anspruch der Indianer auf eigenen Boden durch Kompensationszahlungen aufzuheben und ihn europäischer Besiedlung und ökonomischer Ausbeutung zu öffnen.[77] Noch vor Gründung der kanadischen Konföderation waren somit die verfassungspolitischen Grundlagen der Indianerpolitik der folgenden Jahrzehnte und Jahrhunderte gelegt worden. Die kanadische Politik war dabei von den Zielen des „Schutzes", der „Zivilisierung" und der „Assimilierung" der indigenen Völker geleitet.[78] Diese paternalistisch anmutende Fremdbestimmung sprach den Indigenen somit die Fähigkeit ab, sowohl über ihre eigenen Angelegenheiten zu bestimmen als auch ihre Interessen durchzusetzen.[79] Der Sonderstatus, der ihnen durch verschiedene *Indian Acts* verliehen worden war, sollte im

[74] Steffen Schneider: "Vom Nationalitätenstaat zur postmodernen Nation: Verfassungspatriotismus – gegen Autonomie und Sezessionsbestrebungen", in: *Das Parlament* – Kanada, 47. Jahrgang, Nr. 1-2, 3./10. Januar 1997, S. 9 (zit. Schneider 1997).

[75] Schneider 1997, S. 9.

[76] John L. Tobias: „Protection, Civilization, Assimilation: An Outline History of Canada's Indian Policy", in: Miller 1992, (127-144), S. 127 (zit. Tobias 1992).

[77] Ders., S. 128.

[78] Ders., S. 127.

[79] John S. Milloy: „The Early Indian Acts: Developmental Strategy and Constitutional Change", in: Miller 1992, (145-154), S. 146 (zit. Milloy 1992).

Zuge der Durchführung dieser Politik mit dem Ziel der endgültigen Assimilierung und Absorbierung der indigenen Völker in die weiße Gesellschaft obsolet werden.[80] Grundlegend für ein Verständnis der *Metis* als Ethnie und Nation ist in diesem Zusammenhang zunächst der *Indian Act* von 1868. Darin ist auf eine eher unschlüssige Weise festgelegt, welche Individuen in Kanada als "Indianer" bezeichnet werden:[81]

"Indian" means a person who persuant to this Act is registered as an Indian or is entitled to be registered as an Indian (Section 2 (1))."[82]

Diese Definition begründet ungeachtet kultureller Eigenarten tautologisch, dass ein "Indianer" eine Person sei, die als solche registriert wurde. Registrierung meint hier die juristische Anerkennung durch die kanadische Bundesregierung, die zur Folge hat, dass solchen Individuen ein bestimmter Status verliehen wird, mit dem beispielsweise ein Leben in Reservaten verbunden ist. Es bedeutet allerdings auch, dass kulturelles Erbe oder indigene Abstammung allein nicht ausreichen, um offiziell als "Indianer" anerkannt zu werden.[83] Diejenigen, die diesen Rechtsstatus ablehnen und durch dieses Entziehen durch staatliche Kontrolle eine andere Lebensweise vorziehen, werden folglich als *non-status Indians* bezeichnet.[84] Da *Metis* zu einem Teil indigener Herkunft sind und viele von ihnen nicht unter dem *Indian Act* registriert wurden, ist es üblich geworden, sie unter der Gruppe der *non-status Indians* zu fassen bzw. diese zu den *Metis* zu rechnen. Im umgekehrten Fall identifiziert sich jedoch nicht jeder *non-status Indian* selbst als *Metis*, da unterschiedliche kulturelle und politische Kontexte gemeint sind. Dennoch haben beide Gruppen aufgrund ihres teilweise gemeinsamen rechtlichen Status gegenüber der Regierung bis heute politische Organisationen gebildet, in denen sie sich gemeinsam für die Durchsetzung ihrer Rechte einsetzen.[85]

Die *Metis* unterschieden sich von den übrigen indigenen Völkern in Kanada nicht nur durch ihre gemischte Herkunft, sondern auch durch ihren besonderen Entstehungshintergrund. Sie entwickelten sich als eigenständige Gruppe Mitte des 17. Jahrhun-

[80] Tobias 1992, S. 127, 131.

[81] Ders., S. 131.

[82] Zit. nach Sawchuk 1978, S. 5.

[83] Das hat zur Folge, dass absurde Konstruktionen entstehen, die kulturell und genealogisch eindeutig als indigen identifizierbare Individuen unter die Kategorie der "Weißen" einordnen, während im umgekehrten Fall auch "Weiße" rechtlich gesehen zu *Indians* werden können. Durch die Heirat einer weißen Frau mit einem *Status-Indian* erhielt die Frau bislang "Indian status". Im umgekehrten Fall war es üblich, dass eine *Status-Indian* Frau, die einen Weißen oder einen *non-status Indian* heiratete, selbst in die Rechtskategorie *non-status Indian* fiel. Diese Regelung ist allerdings mittlerweile außer Kraft gesetzt. Vgl. Sawchuk 1978, S. 6 und Kienetz 1988, S. 11.

[84] Dementsprechend könnte eine Person mit indigener Herkunft in Kanada unter eine der folgenden Kategorien fallen: *registered Indian* oder *status Indian* (beides sind identische Kategorien), *non-status Indian* oder *non-registered Indian* (ebenfalls identisch), *non-treaty Indian* oder *treaty Indian* (im letzteren Fall solche Indianer, die oder deren Vorfahren Verträge mit der Bundesregierung hinsichtlich der Abtretung ihrer Territorien unterzeichnet haben) oder schließlich *Metis*. Vgl. Sawchuk 1978, S. 5f.

[85] Vgl. die *Metis*-Organisationen *Ontario Metis and Non-Status Indians Association* und *Native Council of Canada*.

derts aus ihren spezifischen Lebens- und Arbeitsbedingungen im westlichen Kanada. Aus den Heiratsverbindungen zwischen Europäern und Indigenen, die von vielen vor allem aus Gründen der Effizienz im Pelzhandel eingegangen worden waren, ging gemischter Nachwuchs hervor. Ab dem 18. Jahrhundert heirateten diese Kinder verstärkt innerhalb der eigenen Gruppe, was den Zuwachs von Mischpopulationen in Kanada beschleunigte.[86] Die Herausbildung der *Metis* als Nation wird in der Forschung über den Nachweis von schriftlichen Quellen indes auf das Jahr 1816 datiert. Zu diesem Zeitpunkt verteidigten *Metis* ihr Territorium in *Red River* gegen weiße Siedler. In diesem Nationalismus-Konzept wird der *Red River*-Region als *Metis*-Territorium und nationale Heimstätte auch für die weitere Entwicklung der *Metis* als Nation die zentrale Rolle zugeschrieben. Der Anführer der *Red River Metis*, Louis Riel, wurde infolgedessen zur nationalen Kultfigur erhoben. Seiner Führung wird weitgehend die Gründung der Provinz Manitoba zugeschrieben, die nach dem ersten *Metis*-Aufstand von 1869 aus Verhandlungen mit der kanadischen Zentralregierung unter Berücksichtigung der von den *Metis* erstellten *List of Rights* hervorging.[87] Im *Manitoba Act* von 1870 erhielt die Region am *Red River* somit den Provinzstatus. Den Nachkommen der dort lebenden *Metis* wurden 1.400.000 Morgen Land zugesprochen, das unter ihnen aufgeteilt werden sollte. Statt sich jedoch an diese Abmachung zu halten, führte der kanadische Staat Kompensationsverfahren in Form von *scrip*[88] ein. Mit Hilfe dieser Zertifikate wurde den *Metis* die Möglichkeit geboten ihr Land zu verkaufen.[89] Da die Mehrheit der *Metis* auf Druck hin einwilligte, wurde das Land schließlich hauptsächlich von Spekulanten an Siedler aus Ontario verkauft.[90] *Metis*, ihrer bisherigen Lebensgrundlage beraubt, mussten neue Lebensräume suchen und zogen mehrheitlich nach Saskatchewan und Alberta.[91] Nach dem zweiten

[86] Vgl. Jennifer S. H. Brown: „Woman as Centre and Symbol in the Emergence of Metis Communities“, in: *The Canadian Journal of Native Studies* III, 1 (1983), S. 39-46 (zit. Brown 1983).

[87] Vgl. die *List of Rights,* in: Daniels 1979, S. 17-19.

[88] *Scrip* waren vom kanadischen Staat ausgestellte Zertifikate, die *Metis* dazu berechtigten, das ihnen zugesprochene Land zu verkaufen. Diese konnte man sich nach Einwilligung ausstellen lassen. Dieses Verfahren bedeutete einen Vertragsbruch der Vereinbarungen im *Manitoba Act* von Seiten des kanadischen Staates, der ursprünglich die Verteilung von Land an die *Metis* vorgesehen hatte. Der Mehrheit der *Metis* blieb nichts anderes übrig, als in dieses Verfahren einzuwilligen. Damit verzichteten sie auf ihren Anteil des im *Manitoba Act* von 1870 zugesprochenen Territoriums. Vgl. Thomas Flanagan: *Metis Lands in Manitoba*, University of Calgary Press 1991(zit. Flanagan 1991); Redbird 1980, S. 21-25 und 39-45; Clem Chartier: "Aboriginal Rights and Land Issues: The Metis Perspective", in: Boldt/Long, 1988, S. 54-61 (zit. Chartier 1988).

[89] Vgl. D. N. Sprague: "The Manitoba Land Question 1870-1882", in: Bumsted (ed.), *Interpreting Canada's Past, Vol. II: After Confederation*, Toronto 1986, S. 2-16 (zit. Sprague 1986), und Thomas Flanagan: „Metis Aboriginal Rights: Some Historical and Contemporary Problems“, in: Boldt/Long (1988), S. 230-245 (zit. Flanagan 1988).

[90] Um die Durchführung der kanadischen Bodenpolitik in Manitoba besteht eine kontroverse Debatte unter Historikern, die zum einen Partei für die Rechtmäßigkeit und ordnungsgemäße Durchführung der Vereinbarungen durch die kanadischen Regierungen plädieren (Thomas Flanagan), zum anderen dieselben beschuldigen, beispielsweise die *Northwest Rebellion* bewußt provoziert und durch die Einführung des *scrip*-Verfahrens die *Metis* von ihrem Boden vertrieben zu haben (D. N. Sprague). Vgl. Flanagan 1991 und D. N. Sprague: *Canada and the Métis 1869-1885*, Waterloo 1988 (zit. Sprague 1988).

[91] Stanley 1978, S. 84f.

Metis-Aufstand von 1885 in Saskatchewan, der erneut von Louis Riel angeführt wurde und diesmal mit seiner Hinrichtung endete,[92] folgte erneut eine Abwanderung von *Metis* weiter westlich nach Alberta und British Columbia.
Die Hoffnung der *Metis*, durch den Eintritt in die kanadische Konföderation ihre Kultur und Lebensweise erhalten zu können und diese in den Schutz des kanadischen Staates zu stellen, war somit jäh enttäuscht worden. Der Eintritt in die Konföderation hatte vielmehr zur Folge, dass *Metis*-Gemeinschaften auseinander fielen oder sich verstreuten. Eine zusätzliche Belastung ihrer Lebensumstände kam durch den Rückgang des Büffels in der Prärieregion hinzu, dessen Erlegen und Verarbeitung eine der wichtigsten Lebensgrundlagen der *Metis* dargestellt hatte. Sein Verschwinden ging zum Teil auf das Konto der amerikanischen Regierung, die sich durch das Niederbrennen weiter Teile der Prärie eine effektive Bekämpfung der dort ebenfalls lebenden ihr feindlichen Sioux versprach.[93] In der Folgezeit ging die *Metis*-Bevölkerung in Kanada drastisch zurück[94] und wurde in manchen Fällen in die anglofranzösische Mehrheitsgesellschaft absorbiert, weitaus häufiger jedoch in einen marginalen Status innerhalb der Gesellschaft gedrängt, wo sie in Darstellungen der *Metis* mit einer der niedrigsten Bildungsquoten und der höchsten Arbeitslosen- und Selbstmordrate zu kämpfen hat.[95]
Die Orientierung am Ideal einer anglokeltischen Herkunft mit einer Dominanz des britischen Elements wurde in der kanadischen Gesellschaft in den 1930er Jahren nach weiteren Einwanderungswellen durch die Idee des *melting pot* zwar bereichert, nicht jedoch gänzlich aufgehoben. Obschon der kanadische Staat stets darum bemüht blieb, sich durch einen vermeintlich toleranteren Umgang mit seinen diversen Bevölkerungsteilen vom mächtigen Nachbarn USA abzugrenzen, blieb in der Praxis eine Nationalitätenpolitik vorherrschend, die eher von Assimilationsbestrebungen als von der Beibehaltung kultureller Vielfalt getragen war.[96] Die *Quiet Revolution* in Québec in den 1960ern forderte schließlich neben wirtschaftlicher Modernisierung der agrarisch geprägten Provinz eine stärkere Anerkennung der Rolle der Frankokanadier in der Geschichte Kanadas bis hin zur Anerkennung eines Sonderstatus durch die übrigen

---

[92] Für den zweiten *Metis*-Aufstand siehe Bob Beal/Rod Macleod: *Prairie Fire. The 1885 North-West Rebellion*, Toronto 1984/1994 (zit. Beal/Maclead 1984/94). In Bezug auf den zweiten *Metis*-Aufstand werden Verschwörungstheorien vertreten, die dessen Auslösen an einer bestimmten Person festmachen und dem kanadischen Premierminister John A. Macdonald vorwerfen, die Rebellion bewusst provoziert zu haben, um die *Metis* von ihrem Territorium zu vertreiben und es weißen Siedlern zur Verfügung zu stellen. Vgl. Sprague 1986 und ders 1988.

[93] J. R. Miller: "The Northwest Rebellion of 1885", in: ders. 1992, (243-258), S. 244.

[94] 1870 bildeten die Metis noch 82% der Bevölkerung Manitobas, während es 1885 nur noch 7,3% waren. Vgl. Manitoba Métis Rights Assembly (ed.): *Manitoba Métis Rights Position* (Paper) Winnipeg, 1983, S. 3. Zit. nach Krosenbrink-Gelissen 1989, S. 39.

[95] Vgl. Adams 1975, S. 62.

[96] Zur Abgrenzung vom Nachbarn USA siehe: S. M. Lipset: *Continental Divide. The Values and Institutions of the United States and Canada*, New York 1990; zur Nationalitätenpolitik im Einzelnen siehe J. Burnet: "The Policy of Multiculturalism Within a Bilingual Framework: A Stocktaking", in: *Canadian Ethnic Studies/Etudes Ethniques au Canada*, vol. 10 (2), 1978 (zit. Burnet 1978).

Provinzen und durch die Zentralregierung in Ottawa.[97] Da solche Forderungen beim kanadischen Staat auf wenig Gegenliebe stießen, nahm die Unterstützung nationalistischer Bewegungen, die nach Separatismus riefen, in Québec seit den 1970er Jahren stark zu. Zur selben Zeit erlebten auch *Metis* eine nationale Rückbesinnung, die mit der Gründung zahlreicher politischer Organisationen auf nationaler und auf föderaler Ebene an die Tradition der vergangenen *Metis*-Selbstbestimmung und älterer *Metis*-Organisationen anzuknüpfen gedachten.[98] Primär ging es zunächst jedoch um die Pflege der eigenen Kultur, um die Durchsetzung spezifischer *Metis*-Ziele innerhalb der kanadischen Gesellschaft und um die Anerkennung als eines der indigenen (Gründer-) Völker Kanadas.[99]

Anfang der 1970er Jahre läutete Ottawa schließlich eine neue Ära in der Nationalitätenpolitik Kanadas ein: Das Konzept des *Multikulturalismus in einem bilingualen Rahmen* stieg 1971 in den Rang offizieller Politik auf. Unverändert blieb jedoch die Dominanz der zwei "Gründernationen" (*founding peoples*), Großbritannien und Frankreich, die in der Formel "*zwei Nationen und viele Kulturen*" durch den damaligen Premierminister Pierre Trudeau bekräftigt worden war.[100] Durch die Praxis des *Bilingualismus* wurde Kanada zudem offiziell zu einem zweisprachigen Land erklärt, ungeachtet der Tatsache, dass dort zu diesem Zeitpunkt neben vielen anderen europäischen auch offiziell in etwa elf Sprachfamilien eingeteilte indigene Sprachen[101] durch circa 600 autonome Stämme gepflegt wurden.[102] Zahlreiche Autoren haben in dieser Politik eine Zurückdrängung der in Kanada befindlichen Vielfalt statt die Ausbildung eines tatsächlich multikulturellen Staates gesehen.[103] So leugne die Berufung auf lediglich zwei *founding peoples* den Beitrag anderer Bevölkerungsgruppen für die Gründung der kanadischen Nation. *Metis*-Aktivisten haben zudem auf die patriotische Haltung der *Metis* verwiesen, denen es nicht um Separation von Kanada oder um den Anschluss an die USA gegangen sei, sondern vielmehr um die Eingliederung in die kanadische Konföderation, von der man sich Schutz der eigenen Rechte und Kultur versprochen habe.[104] Die Gründung der Provinz Manitoba wird in diesem Zusammenhang nicht nur als Erfolg des Kampfes der *Metis* um Anerkennung als Ethnie gesehen, sondern als zentraler Faktor in der Schaffung einer kanadischen Konföderation durch den darauffolgenden Anschluss der zunächst beitrittsunwilligen Re-

[97] Zum Nationalismus in Québec siehe William D. Coleman: *The independence movement in Québec 1945-1980*, Toronto 1995; Richard Handler: *Nationalism and the politics of culture in Québec*, Toronto 1988; R. Bothwell: *Canada and Québec: One Country, Two Histories*, Vancouver 1995.

[98] Die *Alberta Metis Federation* beispielsweise war bereits 1932 gegründet worden.

[99] Vgl. Daniels 1979, S. 4 und 52.

[100] Vgl. Burnet 1978.

[101] Vgl. Daniels 1979, S. 3.

[102] Thomas O. Hueglin: „Kanadas Indianer – die ersten Nationen: Unrecht wird nur langsam wiedergutgemacht", in: *Das Parlament* – Kanada, 47. Jahrgang Nr.1-2, 3./10. Januar 1997, S. 6 (zit. Hueglin 1997); James Frideres: *Native People in Canada. Contemporary Conflicts*, Scarborough, Ontario 1983 (zit. Frideres 1983).

[103] Siehe hierzu vor allem Charles Taylor/A. Gutman: *Multiculturalism and "The Politics of Recognition"*, Princeton 1992.

[104] Vgl. Daniels 1979.

gion British Columbia in den kanadischen Staat.[105] Erst mit der Verabschiedung des *Constitution Act* von 1982 wurde den *Metis* durch den kanadischen Staat der Status eines indigenen Volkes zugesprochen. Darin ist keine Definition des Begriffs *Metis* enthalten. Das Recht auf Selbstbestimmung, das heute eine der Hauptforderungen der *Metis*-Aktivisten darstellt, ist darin ebenfalls nicht eingeschlossen. Es mangelt in beiderlei Hinsicht bis heute an einer befriedigenden Lösung für die Beteiligten.[106]

> Dem Europäer, der ein Mischmensch ist und der nicht weiß, wer er ist und welchen Namen er zu tragen hat, bietet der Historiker Ersatz-Identitäten an, welche anscheinend individueller und wirklicher sind als seine eigene.[107]
>
> Michel Foucault

Die frontier-Perspektive in der Forschung

Die zwei wichtigsten nicht-indigenen Vertreter der traditionellen kanadischen *Metis*-Geschichtsschreibung – George Stanley und Marcel Giraud[108] – sind in ihrer Darstellung der Geschichte des kanadischen Westens der Dichotomie zwischen zivilisierten Europäern und primitiven Indigenen verpflichtet.[109] Wie Emma LaRoque bereits aufgezeigt hat, wenden dabei beide Autoren das Konzept der „Zivilisiertheit gegen Wildheit" (*civilisation versus savagery)* auf die Geschichte der *Metis* und des kanadischen Westens an.[110] Marcel Giraud konstruierte aus einer biologistischen Definition der *Metis* die Darstellung ihrer Lebensweise in ihrem Stammgebiet *Red River* hauptsächlich aus ihrer Funktion im Pelzhandel.[111] George Stanley war dagegen bemüht, die lange Zeit vorherrschende britische Interpretation der *Metis*-Aufstände als

[105] Vgl. Stanley 1978, S. 63-86.
[106] Vgl. LaRoque 1983.
[107] Vgl. Foucault, 1996, S. 85.
[108] Der französische Historiker Marcel Giraud beschränkte sich in seiner historisch-soziologischen Studie aus dem Jahr 1945 über die *Metis* im Westen Kanadas ausdrücklich auf die französischen *Métis*. Schon aus Girauds Vorwort lässt sich die Tradition des civ/sav-Konzeptes (*civilisation versus savagery*), in der er schreibt, herauslesen. Dort bezeichnet Giraud in Anlehnung an Turners "frontier"-These, derzufolge das "primitive" Milieu der Indigenen und das "zivilisierte" Milieu der Weißen auf dem nordamerikanischen Kontinent aufeinander trafen, die kanadische "Zivilisationsgrenze" als eine in Etappen verlaufende Entwicklung: sie sei entlang des *St. Lawrence Valley* bis zur pazifischen Küste verlaufen, habe jedoch in den Regionen des Westens zunächst stagniert, dann durch Einschluss der *Metis* schließlich auch dort triumphiert. Die *Metis* seien die lebhafte Verkörperung "*par excellence*" dieser Zivilisationsgrenze. Giraud 1945.
[109] LaRoque 1983, S. 87f.
[110] Ebd.
[111] Giraud 1945.

das Produkt eines britisch-französischen Antagonismus[112] durch eine Argumentation im Kontext der Erschließung des kanadischen Westens zu ersetzen.

In den beiden *Metis*-Aufständen – der *Red River Insurrection* von 1869 und der *Northwest Rebellion* von 1885 – sah Stanley nicht länger allein die Folge des anglo-französischen Antagonismus in Kanada, sondern bettete diese in den Kontext der Eroberung des Westens und der Auseinandersetzung um die *frontier* ein. Stanley lehnte dabei die Vorstellung ab, dass *Metis*-Nationalismus das Produkt des britisch-französischen Gegensatzes gewesen sei:

"I feel that the significance of those troubles which marked the early history of western Canada is to be found rather in their connexion with the general history of the frontier than with the ethnic relationships of Québec and Ontario."[113]

Gleichwohl liest sich sein Diktum vom "*clash between primitive and civilized peoples*"[114] als Erklärung für das Scheitern der Riel-Aufstände wie eine nachträgliche koloniale Rechtfertigung für die europäische Invasion des nordamerikanischen Kontinents. Weitere Ausführungen über diese von Emma LaRoque als "Weltanschauung" bezeichnete Geisteshaltung weisen unverkennbar rassistische und vom Überlegenheitsmythos der Europäer gespeiste Denkmuster auf:

"...the European, conscious of his material superiority is only too contemptuous of the savage, intolerant of his mental processes and impatient at his slow assimilation of civilization. The savage, centuries behind in mental and economic development, cannot readily adopt himself to meet the new conditions."[115]

Frederick Jackson Turners *frontier*-These, die von der Überlegenheit der europäischen Einwanderer gegenüber den „primitiven" Indianern ausgeht und somit die europäische Expansion auf Kosten einer "überholten" Lebensweise begründet, bildete den Ausgangspunkt der Überlegungen Stanleys zur Geschichte des kanadischen Westens.[116] Infolgedessen traf Jackson auch keine Unterscheidung zwischen der allgemeinen Situation indigener Völker in Kanada und derjenigen der *Metis*. Für ihn sind sie Bestandteil desselben Problems: deren Unterlegenheit gegenüber den Erfordernissen europäischen Konkurrenzverhaltens und der daraus resultierenden Unfähigkeit die Pflichten der Staatsbürgerschaft[117] zu übernehmen:

---

112 Siehe als Vertreter dieser Interpretation vor allem Fergus Black: *Saskatchewan and the Old North-West*, Regina ²1913 und George Taylor Denison: *The Struggle for Imperial Unity. Recollections and Experiences*, London 1909 (beide zit. nach Stanley 1992).

113 Stanley 1936, S. VII.

114 Ders., S. VII.

115 Stanley 1936, S. 194.

116 Turner 1921.

117 Stanley 1936, S. XXV.

"By character and upbringing the half-breeds, no less than the Indians, were unfitted to compete with the Whites in the competitive individualism of white civilization, or to share with them the duties and responsibilities of citizenship. They did not want to be civilized; they only wanted to survive. To the half-breeds and Indians, unable even to maintain the advantage of numbers, civilization meant demoralization, decline and ultimate extinction."[118]

Aus der zeitlichen Koinzidenz der zwei *Metis*-Aufstände mit dem Verlust der Autorität der *Hudson's Bay Company* in *Red River* ab 1869 einerseits und der Fertigstellung der kanadischen Eisenbahn, der *Canadian Pacific Railway*, im Jahr 1885 andererseits, begründete Stanley das Ende der alten Ordnung und den endgültigen und unaufhaltsamen Durchbruch der weißen Zivilisation:

"Henceforth the history of the Canadian West was to be that of the white man, not that of the red man or the bois brulé."

Der Untergang der *Metis*-Kultur und Nation wird hier teleologisch konstruiert und erscheint deshalb als die notwendige Folge der britischen bzw. kanadischen Imperialpolitik des 19. Jahrhunderts, die eine Expansion in Richtung Westen durch europäische Besiedlung zum Ziel hatte. Aus dieser Sichtweise spricht gleichzeitig das alleinige Vorrecht der Europäer auf Geschichte. Augenfällig ist zunächst, dass sich auch die von Stanley zitierten Beobachter in ihrer Darstellung der *Metis* häufig auf deren Abstammung von europäischen Vorfahren beziehen. Dabei werden die *Metis* nicht als eigenständige Individuen wahrgenommen:

"The English half-breeds, as the mixed progeny of the British are designated, possess many of the characteristics of their fathers; they generally prefer the more certain pursuit of husbandry to the chase, and follow close on the heels of the Scotch in the path of industry and moral rectitude."[119]

Diese Vorstellung von den *Metis* als Derivat ihrer europäischen Väter setzte sich in Stanleys Erzählung weiter fort. In Anlehnung an Berichte und Beschreibungen aus dem 19. Jahrhundert[120] verwendete auch er in seiner Erzählung der Riel-Aufstände eine Gegenüberstellung physischer, aber vor allem habitueller Merkmale, durch die er französische und englische *Metis* zum Teil von Europäern, stärker jedoch die beiden *Metis*-Identitäten selbst in ihren Mentalitäten voneinander unterschied. Demnach seien die französischen *Métis* eher sorglos, ungezügelt, rastlos, eitel und neigten zur Cliquenwirtschaft. Den Erwerb einer begehrten Waffe oder eines Pferdes würden sie stets der Sorge um die Familie vorziehen.[121] Daneben zitierte er aus fremden Beobachtungen die Angewohnheit der französischen *Métis*, wilde und ausgiebige Tänze

[118] Ders., S. VII/VIII.

[119] John MacLean: *Notes of a Twenty-five Years' Service in the Hudson's Bay Territory*, S. 378 (zit. MacLean), zit. nach Stanley 1992, S. 9.

[120] Vgl. die Ausführungen in anderen Kapiteln.

[121] Ross 1856, S. 193.

auf Hochzeiten zu vollführen, wo sie gleichzeitig viel Rum konsumierten. Darüber hinaus seien sie keine erfolgreichen Landwirte gewesen, sondern hätten die aufregende Jagd dem monotonen Farmerdasein vorgezogen. Sie seien aber keineswegs ein wildes, grausames oder unmoralisches Volk – wie einige der zeitgenössischen Vorurteile lauteten – , sondern ein ehrliches, gastfreundliches und tief religiöses Volk, dabei stets sorglos und glücklich.[122] Dagegen seien die englischsprachigen *Metis* als Nachkommen meist schottischer Angestellter der *Hudson's Bay Company* wirtschaftlicher, fleißiger und infolgedessen wohlhabender gewesen. Auf diese Eigenschaften führt Stanley ihren landwirtschaftlichen Erfolg zurück, der ihnen die Jagd erspart habe. So seien sie meist auch besser gebildet, da die lernwilligen Söhne meist zur Schulbildung nach England oder Schottland geschickt worden seien.
Stanley hob zwar hervor, dass er durch diese Unterscheidungen keine Wertung vornehmen mochte, sondern lediglich auf die verschiedenen Charakteristika und Rollen der jeweiligen Gruppen hinzuweisen bemüht sei.[123] Es gelang ihm jedoch nicht, Wertungen zu vermeiden. Zum einen wurde seine Sympathie für die englischsprachigen *Metis* deutlich, denen er positive Attribute zuschrieb, die sich in sein Weltbild der *frontier*-Zivilisation einfügten. Zum anderen kommt dadurch zum Ausdruck, was für ihn Überlegenheit darstellte. So erscheint landwirtschaftliche Aktivität als eine weitaus erfolgreichere und wertvollere Tätigkeit als die mit dem Bild des "Wilden" verknüpfte Jagd, mit der er vor allem Armut verbindet, da sie keinen Besitz anhäuft:

"With few exceptions the French half-breeds were neither extensive nor successful farmers. Brought up in the open prairies they preferred the excitement of the chase to the monotony of cultivating the soil. They might have envied the lot of the more industrious and regretted their own poverty, but so strong was their attachment to the roving life of the hunter that 'the greater part of them depend entirely on the chase for a living, and even the few who attend to farming take a trip to the plains, to feast on buffalo humps and marrow fat'."[124]

Trotz aller Differenzen habe es jedoch zwischen englischen und französischen *Metis* ein gemeinsames Band durch "Rasse" und durch die auf ihrer indigenen Herkunft beruhende Forderung nach dem nordwestlichen Territorium (*Northwest Territories*) gegeben.[125] Zudem hätten sich beide Seiten durch die Pflege der indigenen Muttersprache neben französisch und englisch ausgezeichnet. Auch habe sie ein gemeinsamer Stolz auf ihre Herkunft und ihre Taten verbunden, durch den sie nicht lediglich als Gefolgsleute der Weißen auftraten. Ihr Unabhängigkeitsgefühl führt Stanley darauf zurück, dass der "geographische Zufall", nicht zuletzt auch die in der Frage der Besiedlung restriktive Politik der *Hudson's Bay Company*, sie von der europäischen Expansion abgeschnitten habe. Dadurch hätten sie eine eigene Identität und ein Gefühl für eine eigenständige „rassische" und nationale Einheit entwickelt, das seinen Ausdruck in der Bezeichnung *new nation* gefunden habe. Dieses Gefühl der Ge-

[122] Stanley 1992, S. 9.
[123] Schon darin liegt eine Wertung.
[124] Das Zitat im Zitat aus McLean, p. 374, zit. nach Stanley 1992, S. 8.
[125] Stanley 1992, S. 10.

meinschaft und der starken Verbundenheit habe die *Metis*-Nation für die Dauer eines Jahrhunderts dominiert und sei schließlich zum Hauptfaktor in der Auseinandersetzung um die *frontier* im westlichen Kanada geworden.[126]

Die „Verantwortung" [sic] für das Aufkommen eines Selbstbewusstseins der *Metis* im Vorfeld des Kampfes von *Seven Oaks* oder *La Grenouillière,* wie ihn die französischsprachigen *Métis* nennen, im Jahr 1816 schrieb Stanley allein der *North West Company* (NWC) zu:

"At the door of the North West Company must be laid the responsibility for rousing the racial consciousness of the métis."[127]

Diese habe in den *Metis* die Idee von der Verteidigung ihrer Territorialrechte gestärkt, indem sie ihnen glaubhaft gemacht habe, dass die weißen Siedler unter der Führung Lord Selkirks Eindringlinge gewesen seien. Die *Metis* hätten sich von der *North West Company* leicht überzeugen lassen. Einschränkend fügt Stanley hinzu, dass die *Metis* selbst bereits durch zwei Vorfälle von "Tyrannei gegen ihre Rasse" aufgebracht gewesen waren: Durch das Verbot des Verkaufs von *pemmican*[128] an die NWC und das Verbot der Büffeljagd mit Pferden.[129] Im Kampf von *Seven Oaks* sah Stanley den Vorläufer der Riel-Aufstände von 1869 und 1885. Bei allen drei Gegebenheiten habe sich der Geist des *Metis*-Nationalismus entladen, der im *Metis*-Volkslied von Pierre Falcon seinen Ausdruck in der Formulierung finde, dass die weißen Siedler gekommen seien, um ihr Land zu plündern.[130] Die Bedeutung dieses Kampfes sieht er weniger im Vorfall selbst, der die erste Manifestation eines *Metis*-Nationalismus darstellt und demnach eine zentrale Funktion für die Ausbildung eines *Metis*-Bewusstseins einnimmt, als in dessen schicksalhafter Vorwegnahme der folgenden Auseinandersetzung um die *frontier.* Die erobernden Europäer bleiben aus dieser Perspektive stets die zentralen Akteure, während den *Metis* lediglich die Rolle der passiven Opfer zugewiesen wird, die nicht dazu in der Lage sind, ihre eigenen Interessen zu erkennen und zu artikulieren.

Diese Sichtweise wird vor allem in Stanleys Betonung der Rolle der *North West Company* deutlich, der er die Funktion des "Erweckers" eines *Metis*-Bewusstseins zuschrieb. Durch die von ihr propagierte Idee, dass die *Metis* die eigentlichen Besitzer des Bodens seien, wird die NWC für die in Intervallen innerhalb der folgenden 70 Jahre auftretenden *Metis*-Aufstände verantwortlich gemacht. Diese einseitige

---

[127] Ders., S. 11.

[128] *Pemmican* war eine spezielle Zubereitung von Büffelfleisch, das lange gelagert werden konnte. Es wurde von den *Metis* für die Pelzhändler hergestellt und vom *Red River*-Gebiet aus geliefert. Vgl. Harrison 1985, S. 12.

[129] Stanley 1992, S. 11.

[130] Dieses von dem als Analphabeten bezeichneten Pierre Falcon kreierte Lied ist heute als "*Falcon's Song*" oder "*The Battle of Seven Oaks*" bekannt. Er betont vor allem den aggressiven Charakter der weißen Siedler und stellt dabei zugleich die besondere Tapferkeit der *Metis* heraus, die lediglich ihr angestammtes Land verteidigten. Vgl. in Wolfgang Klooß: *Geschichte und Mythos in der Literatur Kanadas: Die englischsprachige Métis- und Riel-Rezeption*, Heidelberg 1989 (zit. Klooß 1989), S. 23f.

Identifizierung des *Metis*-Nationalismus über die Zugehörigkeit zu einer europäischen Pelzhandelsgesellschaft erscheint stark verkürzt und wendet ihn zu einer eigentümlich passiven Erscheinung. Die *Metis* werden dargestellt, als bedürften sie der Aufstachelung durch NWC-Angestellte – was durchaus möglich gewesen sein kann – , um die eigenen Ziele und Forderungen zu entwickeln. Jedoch steht diese Interpretation damit eindeutig in der Tradition der Darstellung vom sorglosen Primitiven, dem jede Wahrnehmung der eigenen Interessen fehlt, und der dementsprechend der paternalistischen Führung anderer bedarf, um diese zu benennen und sich für sie einzusetzen.

Für die vermeintlich "primitive" und "statische" Wirtschafts- und Lebensweise der *Metis* – "*...economically and politically it was a simple society which existed in the Red River Settlement during the last century*."[131] – sah Stanley keine Zukunft auf dem nordamerikanischen Kontinent und konstruierte daher eine teleologisch notwendige Zerstörung einer Lebensweise, die mit derjenigen der eindringenden weißen Siedler kontrastiert:

"There could be no place for this almost static society in competitive civilization of the North American continent. The half-breeds, particularly the hunting class, were doomed to economic absorption. Neither their racial consciousness, nor their primitive economy was strong enough to maintain the separate identity of the half-breed "nation" in the midst of an overwhelming white immigration and a competitive 19th century civilization."[132]

Fazit: Stereotypisierung und Diskriminierung

Die frühe Fremdwahrnehmung der *Metis* ist von einer pejorativen Einschätzung der *Metis* als eine den Europäern gegenüber als minderwertig einzustufende Ethnie bestimmt, wie sie vor allem in der kolonialistisch-chauvinistischen Haltung der Engländer zum Ausdruck kommt. Diese Einschätzung resultiert aus einer vergleichenden Wahrnehmung, die die *Metis* stets mit den Europäern kontrastiert. Diese fällt dabei zwar teilweise positiv aus, den Maßstab bildet dabei jedoch stets das "zivilisierte Europa". Zudem finden sich in frühen Darstellungen kaum Beschreibungen der *Metis* als einer eigenständigen kulturell-politischen Einheit. Dieses verkürzte Fremdverständnis der *Metis* resultiert aus einer eurozentrischen Perspektive der Autoren, die Europa stets zum Referenzpunkt aller Darstellungen der *Metis* erhebt: Sie werden als Nachkommen ihrer europäischen Väter, als Produkt des französisch-britischen Antagonismus oder als Opfer der Eroberung des kanadischen Westens durch die Europäer der Ostküste angesehen. Dieser Vergleich reduziert die *Metis* dabei zum Derivat ihrer europäischen Vorfahren. Der Hinweis auf das indigene Erbe der *Metis* wird in diesem Zusammenhang zumeist für die negative Identifizierung von Charakterschwächen und Unzulänglichkeiten oder für den Nachweis einer unzivilisierten Lebensweise be-

[131] Stanley 1992, S. 17.
[132] Ders, S.18.

müht. Die Beobachtungen des Earl of Southesk bilden dabei eine seltene Ausnahme. Stanleys Versuch hingegen, die Geschichte der *Metis* nicht länger unter dem Blickwinkel des französisch-britischen Konflikts in Kanada darzustellen, erscheint dennoch in eurozentrischer Diktion als eine weitere Variante europäischer Geschichtsschreibung, die die Perspektive der *Metis* vernachlässigt.[133] Das Szenario dieser grossen Erzählung über "Europa" findet zwar auf dem nordamerikanischen Kontinent statt, es hat die *Metis* jedoch nicht als eigenständige Subjekte zum Gegenstand. Sie werden stets in bevormundender Manier als Spielball anderer Interessen, als passives Opfer oder als unfähiges, über die eigenen Interessen im Unklaren lebendes "glückliches" Volk dargestellt. In dieser Version entsteht das Bewusstsein einer *Metis*-Nationalität erst aus der negativen Identifizierung in Abgrenzung von europäischen Konzepten gesellschaftlicher Formation.

Diese auf den Kolonialvorstellungen des 19. Jahrhunderts basierende Sichtweise muss für ein vollständiges Verständnis der *Metis* als Ethnie und Nation durch die Eigenperspektive erweitert werden. Ethnologische und anthropologische Studien haben auf die Bedeutung dieser Perspektive für die Identifizierung einer Ethnie hingewiesen. Dabei wurden in frühen Ansätzen für deren Bestimmung kulturelle Merkmale hervorgehoben, während weiterführende Modelle eine politische Selbstbehauptung für die Durchsetzung der eigenen ökonomischen Interessen als weitaus entscheidender und als notwendige Erweiterung ansehen. Kulturelle Merkmalsbetonungen geben dabei den Eindruck einer statisch wirkenden ethnischen "Kategorie" wieder, die die frühe Wahrnehmung der Metis als primitives, unflexibles Volk nur zu verstärken scheint. Dagegen vermag erst das Kriterium der politischen Selbstbehauptung die Flexibilität und Veränderlichkeit einer ethnischen "Gruppe" innerhalb eines bestimmten politischen Klimas aufzuzeigen.[134] Die früheren Ansätze gehen zudem bereits von der Existenz einer Ethnie aus, bevor sie nach ihren Ursprüngen fragen und diese als solche überhaupt nachweisen können. Für die Ausformung derselben bildet die Bedrohung durch eine äußere Gefahr den entscheidenden Motor. Durch diese Existenzangst, aus der die Verteidigung eines angestammten Territoriums, die Besinnung auf eigene kulturelle und moralische Werte und die Entstehung eines Gruppenbewusstseins für die effektive Durchsetzung der eigenen Ziele erst folgen, konnte sich aus einer ethnisch statischen *Kategorie* eine ethnisch flexible und veränderliche *Gruppe* bilden.[135]

Für die vollständige Analyse einer *Metis*-Identität ist die Eigenperspektive daher von großer Bedeutung, da das Aufkommen der *Metis* in eine Periode weitreichender wirtschaftlicher Veränderungsprozesse in Kanada fällt. Dabei handelt es sich um die Umstellung von einer merkantil-agrarischen zu einer Industriegesellschaft.[136] Nur unter Berücksichtigung sowohl der sozio-ökonomischen als auch der politischen Verän-

[133] Siehe zum Thema Postkolonialismus und die Frage der Perspektivität den ausgesprochen fundierten Beitrag von Dipesh Chakrabarty: "Postcoloniality and the Artifice of History: Who speaks for 'Indian' pasts?" , in: H. Aram Veeser (ed.), *The New Historicism Reader*, New York/London 1994, S. 342-369.

[134] Für die Flexibilitätsperspektive siehe Cohen 1974; für die statische Perspektive Barth 1969. Vgl. Sawchuk 1978, S. 8-11.

[135] Cohen 1974, S. 4 und Sawchuk 1978, S. 12-13.

derungen ihrer Zeit kann daher eine *Metis*-Identität adäquat bestimmt werden, die nicht mehr auf der Stufe einer ethnischen “Kategorie” stehen bleibt. Das Selbstverständnis der *Metis* ist auch deshalb von Relevanz, da diese sowohl in der frühen als auch der späteren Fremdwahrnehmung häufig mit Indianern gleichgestellt wurden, weil kulturelle Differenzierungsmerkmale entweder nicht augenfällig oder schlicht nicht vorhanden waren.[137] Demgegenüber beruht selbst das differenziertere frühe Fremdverständnis häufig auf der Wahrnehmung der *Metis* aus einer negativen Identifikation der *Metis* als das, was sie nicht sind, nämlich Europäer oder Indianer.[138] Die Einbeziehung der Eigenperspektive kann daher einen wichtigen Beitrag zur Erhellung der positiven Besetzung einer *Metis*-Identität leisten. Zunächst soll jedoch die Vielfalt der Begriffswahl für die Bestimmung von *Metis*-Identität dargestellt werden, um die Komplexität dieser Gruppe zu thematisieren.

---

[136] Gustavus Myers: *History of Canadian Wealth*, Vol. 1, Chicago 1914, S. 114, zit. nach Eccles 1979, S. 443.

[137] Vgl. Sawchuk 1978, S. 10, 39-41, 44.

[138] Ders., S. 10.

2. Die Begriffsgeschichte der Metis: "Ootip ayim sowak" – "the people who own themselves"

Die Facetten des Begriffs "Metis"

Der Facettenreichtum einer *Metis*-Identität entzieht sich dem Versuch einer einheitlichen Definition des Begriffs. Die diversen Ursprünge dieser Gruppe verleiten vielmehr zu der Annahme, dass es eine einzelne definierbare *Metis*-Identität nicht gibt. Aufgrund ihrer Vielfältigkeit lässt sich die Herausbildung der *Metis* daher adäquater über die Vorstellung einer facettenreichen "Herkunft" in Gegensatz zu einem einheitlichen "Ursprung" fassen. Während der Begriff des „Ursprungs" stets eine originäre, erste Identität suggeriert, die aufgespürt werden könnte, gesteht der Terminus "Herkunft" eine Vielheit des bezeichneten Phänomens zu, die sich nicht in der Obskurität eines wundersamen Entspringens aus dem Ursprungsquell verliert. Vielmehr bezeichnet *Herkunft* die Abstammung und

"auf lange Zeit zurückgehende Zugehörigkeit zu einem Stand – des Blutes, der Tradition, der Gleich-Mächtigen und der Gleich-Niedrigen. Die Analyse der Herkunft bezieht sich oft auf die Rasse oder den gesellschaftlichen Typ. Allerdings geht es nicht so sehr darum, bei einem Individuum, einem Gefühl oder einer Idee die Gattungsmerkmale, die sie anderen anzugleichen erlauben, aufzufinden (...); vielmehr sollen die subtilen individuellen und subindividuellen Spuren aufgedeckt werden, die sich in einem Individuum kreuzen können und ein schwer entwirrbares Netz bilden."[139]

Sie kann zugleich bedeuten, dass der Genealogie Diskontinuitäten zugrunde liegen, wie sie für die Geschichte der *Metis* besonders signifikant sind.[140] Die Vielfalt einer *Metis*-Identität zeigt sich zunächst in den notwendigen Kategorisierungen, die französische *Métis*, englische Halfbreeds und weitere westliche *Metis*-Populationen wie z. B. die irokesischen *freemen* voneinander unterscheiden. Zum anderen äußert sie sich in der historisch und politisch häufig anzutreffenden Zurechnung der *non-status Indians* zur Gruppe der *Metis*. Das Konzept einer *Metis*-Nation weist vor diesem Hintergrund einen kulturellen und politisch-juristischen Aspekt auf. Kulturell lassen sich unter dem Begriff "Metis" allgemein Individuen und Gemeinschaften fassen, die sich auf ein teilweise indigenes Erbe berufen und daraus während des 19. Jahrhunderts in *Red River* eine eigene sprachlich-kulturelle Identität entwickelt haben. Politisch-juristisch handelt es sich jedoch um eine Kategorie, die bestimmten Individuen einen Status verleiht, an den Rechte in Form von Landansprüchen, beispielsweise im *Manitoba Act* von 1870 und im *Dominion Lands Act* von 1879, geknüpft sind.[141] Innerhalb der Diskussion um *Metis*-Identität stellt sich demnach die Frage, welche historische

[139] Foucault 1996, S. 73.
[140] Ders., S. 69-75.
[141] Vgl. Chartier 1988, S. 54-61.

Verknüpfung zwischen den *Red River Metis* des 19. Jahrhunderts und den heute rechtlich als *Metis* bezeichneten Individuen besteht.[142]
Die Darstellung der historischen Begriffsgenese für Menschen indigen-europäischer Herkunft in Kanada soll die Uneinheitlichkeit ihrer historischen Identifizierung veranschaulichen, um daraus im folgenden die Facetten für eine *Metis*-Identität zusammenzuführen. Sie zeichnet zudem die Ausweitung des Begriffs "Metis" auf größere Gruppen von Menschen in Nordamerika nach und stützt dadurch die These, dass es eine einheitliche Definition von *Metis*-Identität nicht gibt. Sie ist vielmehr durch ihre Mannigfaltigkeit geprägt und gewinnt ihren Charakter durch „ein schwer entwirrbares Netz individueller und subindividueller Spuren".[143]

Die linguistische Analyse

Die linguistische Abstammung des Wortes "Metis" geht auf das Lateinische *miscere* (mischen) bzw. *mixticius* oder *mixtus (*Mischung) zurück. Die lateinamerikanische Version lautet *mestiço/mestizo* (Mestizen) und meint vorwiegend Individuen, die aus der Begegnung von spanischen und portugiesischen Kolonisatoren mit indigenen Völkern in Südamerika hervorgingen.[144] Im Französischen bezeichnet das Wort "métis" bzw. "métissage" in Anlehnung an die lateinische Herkunft zunächst lediglich gemischt bzw. Mischung[145], wobei die Eltern des bezeichneten Individuums als jeweils unterschiedlichen Völkern oder Stämmen zugehörig angesehen werden.
Der englische Äquivalenzausdruck *halfbreed* (stellenweise auch *half-breed*) hingegen bedeutet als pejorative Variante "halbe Brut" bzw. daran anlehnend "Mischling" und deutet ebenso auf die Mischung von "Rassen", weniger von Kulturen, hin (was beispielsweise in der deutschen Übersetzung von „breed" als „Brut" deutlich wird). Dieser aus Großbritannien Ende des 18. Jahrhunderts in die nordamerikanische Tradition übernommenen Bezeichnung mangelt es dabei an dem neutraleren Gehalt des französischen Begriffs "métis". In ihrer Verwendung kommt der inhärente pejorative Charakter vor allem ab Mitte des 19. Jahrhunderts als ideologischer Kampfbegriff in Abgrenzung von den ethnisch vermeintlich "reinen" Europäern zum Vorschein. Zudem deutet sie bisweilen auf die Herkunft aus einer morganatischen[146], d. h. ungesetzlich,

---

142 Vgl. Foster 1978, S. 79f. und Krosenbrink-Gelissen 1989, S. 39.
143 Foucault 1996, S. 73.
144 In Lateinamerika machen diese "neuen Völker" nun die Mehrheit der Bevölkerung aus. Vgl. Peterson/Brown, „Introduction" (zit. Peterson/Brown 1987), in: dies. 1987, S. 13.
145 Das Wort "Rassenmischung" vermeide ich in dieser Analyse nicht nur aus idelologischen Gründen und wegen der historischen Belastung durch die Verwendung von Nationalsozialisten und anderen Rassisten. Wenn im jeweiligen historischen Kontext jedoch die Begriffe "Rasse", "Rassenmischung" oder "rassisch" verwendet werden, so handelt es sich um die Wortwahl des behandelten Autors.
146 Vgl. den Bedeutungsgehalt des Wortes "morganatisch" aus dem lateinischen Ursprung "morganaticus" – in Verbindung mit dem Begriff „Ehe", und "matrimonium ad morganaticam" – "Ehe zur linken Hand", eigentlich "Ehe auf (bloße) Morgengabe". Vgl. in: Gerhard Wahrig (hg.): *Deutsches Wörterbuch*, Bertelsmann Gütersloh 1968, S. 2476. Gemeint ist eine ungesetzliche Ehe, die in diesem Zusammenhang auf den Vollzug der Heirat zwischen Europäern und Indigenen in der Regel nach indigenen Ritualen, sprich

also nicht nach den Vorgaben von Kirche und Staat, vollzogenen Ehe.[147] Mit diesem Bedeutungsgehalt legt sie ein tabuisierendes und sanktioniertes Verständnis der bezeichneten Ethnie frei, der dadurch ein gesellschaftliches Stigma auferlegt wird.

Die Stereotypisierung der Metis in der Begriffswahl

In Kanada hat das Wort "Metis" – je nach Blickwinkel und historischem Hintergrund des Sprechers – unterschiedliche Bedeutungen angenommen. Diese Differenz der Wahrnehmung hat Jennifer Brown zunächst für den kanadischen Pelzhandel im 18. und 19. Jahrhundert treffend als *linguistic solitudes* bezeichnet.[148] Die Formulierung deutet darauf hin, dass Mitglieder einer bestimmten Gemeinschaft durch soziale Veränderungen ihrer Lebensweise, das Eindringen von Fremden oder geographische Zerstreuung auf individuelle Stereotypisierung und Kategorisierung treffen können, mit der sie in ihrer Auffassung von sich selbst nicht notwendigerweise übereinstimmen. So kann für die Periode des Pelzhandels seit dem 18. Jahrhundert eine Veränderung der sozialen und ethnischen Kategorisierungen in Kanada festgestellt werden, an der der Prozess der Identifizierung, aber eben auch Stereotypisierung von Gruppen, die in starkem sozialem Wandel begriffen waren, abzulesen ist. Die Formulierung *linguistic solitudes* ließe sich in diesem Verständnis auch auf die Gruppe der *Metis* anwenden. Brown selbst ist der Meinung, dass die Bezeichnung "Metis" insgesamt überstrapaziert und zu weit ausgedehnt werde. Aufgrund des politischen Gehalts solle der Begriff vornehmlich für diejenigen Individuen, die sich selbst so zu nennen bereit sind, reserviert bleiben.[149] Derartige Diskussionen machen deutlich, dass der Namensgebung für die Identitätsentwicklung der *Metis* sowohl in ihrem eigenen Bewusstsein als auch in demjenigen von Außenstehenden eine herausragende Bedeutung zukommt, die sich nur unzureichend unter der Kategorie "Begriffsgeschichte" fassen lässt.

Geographische und ethnische Differenzierungen: Die französischen Métis und die englischen Halfbreeds

Die Identifizierung der französischen *Métis* bereitet in der Forschungsliteratur gemeinhin keine Schwierigkeiten. Unter dem Begriff "Métis" sind dabei die französischsprachigen, vorwiegend römisch-katholischen *Red River Métis* des 19. Jahrhunderts gemeint, die in ihrer angestammten Region sowohl eine eigene sprachlich-

---

ohne kirchlichen bzw. christlichen Segen, verweist. „Als bloße Morgengabe" könnte bedeuten, dass solche Ehen im Verständnis der Europäer nicht länger als einen Tag andauerten, also nur eine nächtliche Affäre waren.

147 Foster 1978, S. 84.

148 Jennifer S. H. Brown: "*Linguistic Solitudes: Changing Social Categories*", (zit. Brown 1980a) in: Judd/Ray 1980, S. 147f.

149 Brown 1980a, S. 157.

kulturelle Identität als auch politische Strukturen unter der Führung von Louis Riel entwickeln konnten. In der Regel ist für sie die Schreibweise "Métis" üblich, die die französischen *Métis* von den englischen *Metis* unterscheiden soll. Französische *Métis* wurden zu einem frühen Zeitpunkt im Pelzhandel auch als "*bois-brûlé*", "*coureur de bois*" oder "*chicot*" bezeichnet.[150] Als Selbstidentifizierung dominiert jedoch der Terminus "Métis". Die metaphorische Zuschreibung "*bois-brûlé*" mit dem Hinweis auf die dunklere Hautfarbe der *Metis* scheint eine französische Version für die Ojibwa-Bezeichnung *wisahkotewan niniwak* zu sein, was soviel bedeutet wie "halbverbrannte Menschen", durch die *Metis* von den dunkelhäutigeren Indianern unterschieden wurden. *Bois-brûlé* ist ein Terminus frankokanadischer Eroberer, die metaphorisch auf die vermeintliche Ähnlichkeit der Hautfarbe der *Metis* mit verbranntem Holz hindeuten soll.[151] Im Englischen wurde dafür die Bezeichnung "*burnt (or scorched) wood people*" (verbrannte/versengte Waldmenschen) geläufig. "*Chicot*" aus dem Französischen (zu deutsch „Ast-" oder Baumstumpf") hat eine ähnliche Konnotation, scheint jedoch ursprünglich ein Familienname gewesen zu sein. Die *Cree*-Indianer nennen *Metis* u. a. *wemistikosheekan* (kein echter Weißer) bzw. *apet'ililew* (Halbindianer). In der Betonung des ambivalenten Charakters ihrer gemischten Abstammung nehmen die *Cree* hier eine Abwertung der *Metis* vor, durch die diese – ähnlich wie durch die Bezeichnung *halfbreed* – nicht als vollwertige Individuen akzeptiert werden.[152]

Die Mischpopulationen außerhalb des kanadischen Westens oder gar der *Red River*-Region sowie jene *Metis* mit englischem oder schottischem Vater bzw. nicht-französischen Ursprungs, waren in den oben genannten Bezeichnungen meist nicht enthalten. Sie wurden vielmehr von englischsprachigen Kanadiern im 19. Jahrhundert in der Regel *half-breed* bzw. *halfbreed* (manchmal auch mit Großbuchstaben) genannt. Daneben gab es später auch die Zuschreibungen anglikanischer Missionare und Pelzhandelsangestellter *country-born, mixed-blood* oder *half-caste*.[153] Der Begriff *halfbreed* (halbe Brut/Zucht) als Bezeichnung für die Nachkommen aus europäisch-indigenen Heiratsverbindungen scheint zunächst in den dreizehn britischen Kolonien verwendet worden zu sein, vor allem in Florida ab 1775 und in Carolina ab 1791, bevor er sich im 19. Jahrhundert auf Kanada ausdehnte. Dort blieb er bis zum Zweiten Weltkrieg in allgemeinem Gebrauch. Er tauchte zunächst jedoch im Kontext der Pelzhandelsgesellschaft *North West Company* auf, bevor er Eingang in die Akten der *Hudson's Bay Company* fand. In seiner ursprünglichen Anwendung durch NWC-Bedienstete wie John Macdonell und David Thompson zwischen 1809 und 1812 scheint er zunächst noch nicht den pejorativen Charakter späterer Verwendungen gehabt zu haben.[154] In der *Red River*-Siedlung taucht der Begriff schließlich nach dem Zusam-

[150] Vgl. Peterson 1987, S. 34.

[151] Vgl. Lussier/Sealey: *The Métis. Canada's Forgotten People*, Winnipeg [5]1981 (zit. Lussier/Sealey 1981).

[152] Vgl. Olive Dickason: "*Metis*", unveröffentlichtes Manuskript 1998 (zit. Dickason 1998), S. 1.

[153] Vgl. zum Problem einer differenzierten Terminologie Foster 1978 und Jennifer S. H. Brown 1980a, S. 147-159.

[154] Brown 1980a, S. 150.

menschluss beider Pelzhandelsgesellschaften ab 1821 in den Taufregistern als Bezeichnung für die angeheirateten *Metis*-Frauen europäischer Pelzhändler auf, die nach den Gebräuchen der Indigenen (*à la façon du pays*), das heißt ohne kirchlichen Segen, geheiratet hatten. Dadurch wurde diesen Frauen, die auch teilweise ungenauer unter der Bezeichnung *Indian* registriert wurden, unterstellt, dass sie unverheiratet seien. Da sie nach den Vorstellungen der europäischen Geistlichen zudem als ungetauft galten, kommen in diesen Registern ihre Namen nicht vor. Ein Beispiel aus dem Jahr 1821 verdeutlicht diese Diskriminierung der Person und die Nicht-Achtung indigener Heiratsrituale: Die Taufe John Halls wurde als „*John, son of William Hall and a Half Breed Woman*" vermerkt.[155] Diese Reduzierung auf ein biologisches Gattungsmerkmal drückt neben einer diskriminierenden Behandlung implizit auch das Aufkommen neuer Lebensformen aus, die in den Statistiken jedoch nur biologistisch wahrgenommen und registriert wurden.[156] Nach 1823 wurde diese Formulierung mit dem Eintreffen neuer Angestellter aus England für einige Monate durch die Bezeichnung *half-caste* ersetzt, die ihren Ursprung 1789 in britischen Schriften über Asien, vornehmlich Indien, hat. Sie konnte sich jedoch im kanadischen Nordwesten ähnlich wie die Bezeichnung *country-born* durch Geistliche in *Red River* nicht langfristig durchsetzen, wobei diesem Namen jedoch das Verdienst zugekommen wäre, die indigene Herkunft der *Metis* mit am besten zum Ausdruck zu bringen, indem er davon spricht, dass die *Metis* „im Land geboren" seien.[157] John Foster hat darauf hingewiesen, dass die englischsprachigen *Metis* der *Hudson Bay* Pelzhandelstradition bis heute keine befriedigende Selbstbezeichnung aufweisen, über die sie ihre eigenen Interessen hätten verfolgen können. Dennoch hätten sie sich stets von den französischen *Métis* als verschieden begriffen und seien auch durch andere so wahrgenommen worden.[158] Foster selbst schlägt für sie die Bezeichnung *Red River Halfbreeds* vor.[159]

Die staatlich-kanadische Begriffswahl

In der kanadischen Rechtsprechung wurden sowohl französische als auch englische *Metis* lange Zeit undifferenziert unter dem pejorativen Terminus *half-breed* subsumiert. Dies ist darauf zurückzuführen, dass sich seit Mitte des 19. Jahrhunderts für alle Individuen gemischter Herkunft, die bereits zu einem frühen Zeitpunkt von Missionaren und Geistlichen als *halfbreed* bezeichnet wurden, ungeachtet ihrer geographischen Herkunft oder Zugehörigkeit zu einer der Pelzhandelstraditionen der Terminus *halfbreed* eingebürgert hatte.[160] Flanagan und Foster haben zum Zweck der Unterscheidbarkeit zwischen englischer und französischer Herkunft vorgeschlagen,

155 Dies., S. 153.
156 Dies., S. 155.
157 Ebd.
158 Foster 1978, S. 87.
159 Damit grenzt er deren geographische Herkunft enger ein.
160 Ebd.

als *Metis* nur die französischsprachigen zu bezeichnen, die englischsprachigen dagegen unter den damals üblichen Zuschreibungen "*halfbreed*" oder "*country-born*" zu fassen. Die Schreibweise *Métis* verweist dabei explizit auf die französische Version.[161] Diese Zweiteilung mag in historischen Beschreibungen die Konfusion um *Metis*-Identität je nach geographischer, sozialer oder kultureller Herkunft ein wenig vermindern helfen. Es ist jedoch nicht einzusehen, warum ein pejorativer Begriff wie "*halfbreed*" für eine Gruppe beibehalten werden soll, während eine andere durch die historisch bedingte unterschiedliche Kolonialvorstellung der Franzosen den Vorzug einer weitaus neutraleren Bezeichnung genießt. Aus unten näher ausgeführten Gründen wird in dieser Analyse, abgesehen von Zitaten aus historischen Quellen bzw. Bezugnahmen auf die Begriffswahl der behandelten Autoren, durchgängig der Terminus *Metis* ohne Akzent verwendet. Dadurch soll zum einen eine einseitige Ausrichtung auf die französischen *Métis* und zum anderen der pejorative Gehalt der Bezeichnung *Halfbreed* vermieden werden.

Die Begriffswahl in der Forschung und die Ausweitung des Bedeutungsinhalts

In der Forschung spiegelt die Begriffswahl das Verständnis des Autors über *Metis*-Identität wieder und lässt somit Rückschlüsse auf dessen Begriff der *Metis*-Nation zu. Damit prägt der Autor nicht zuletzt das wissenschaftliche und populäre Verständnis seiner Zeit über den behandelten Themenkomplex. So bezogen französischsprachige Kanadier nach dem Erscheinen der soziologisch-historischen Pionierarbeit Marcel Girauds über die *Metis* des kanadischen Westens[162] den Begriff "*Metis*" bzw. "*Métis*" in den 1940ern auf die Nachkommen französischer und indigener Pelzhändler. Dabei waren in der Regel auf der weißen Seite Franzosen und auf der indigenen Seite *Cree* der *Red River*-Region, seltener auch Ojiwba- oder Chipewya-Indianer gemeint.
In den USA war der Terminus *Metis* in den 1940ern noch gänzlich unbekannt.[163] In den 1970er Jahren weitete sich der Bedeutungsinhalt des Wortes schließlich auf Individuen in anderen Teilen Kanadas und der nördlichen Grenzregion der USA aus. Nun wurde nicht mehr die Abstammung aus der *Red River*-Region zum Maßstab erhoben, sondern die eigene oder fremde Identifizierung mit jeglicher Abstammung aus indigen-europäischer Mischung ungeachtet der geographischen Herkunft. Peterson/Brown hatten bereits in ihrem Sammelband über die *Metis* Nordamerikas die Schwierigkeiten einer solchen Ausweitung des Begriffs herausgestellt. So kollidiere dieses Verständnis mit der im *Constitution Act* von 1982 durch die kanadische Regierung festgelegten Bestimmung, dass jeder nicht-registrierte Indianer (*non-status Indian*) automatisch in die Rechtskategorie "Weißer" zu fallen habe. Zudem bestehe die Gefahr, dass dadurch eine historisch gewachsene ethnische und politische Iden-

[161] Flanagan/Foster: „Introduction: The Metis – Past and Present", in: *Canadian Ethnic Studies*, Vol. XVII (2) 1985, S. III (zit. Flanagan/Foster 1985).
[162] Giraud 1945.
[163] Peterson/Brown 1987, S. 5.

tität – die der *Red River Metis* – nun der Konfusion durch die Hinzunahme von Individuen anderen ethnischen und kulturellen Ursprungs ausgeliefert werde.[164]
Die Ausweitung des Begriffs bringt jedoch für die Erforschung der *Metis* in Nordamerika auch aus der Sicht Peterson/Browns substantielle Vorteile mit sich, die im Verlauf der Analyse veranschaulicht werden sollen. So wird die pejorative Bezeichnung *Halfbreed* durch das neutralere *Metis* ersetzt. Zudem bedeutet die Ausweitung der geographischen Herkunft eine fruchtbare Perspektive, da sie nicht länger von einem einzelnen Ursprung der nationalen Genese der *Metis* auszugehen hat, sondern ethnische und historische Entwicklungen auch in anderen Teilen Kanadas und selbst der USA in Betracht ziehen kann. Seit Marcel Girauds *Metis*-Studie, die den Zusammenschluss der *Red River Metis* zu einer selbstbewussten ethnischen Gruppe aus einer gemeinsamen historischen Vergangenheit und einem weiterreichenden geographischen Rahmen beschreibt, kann davon ausgegangen werden, dass *métisation* auch nach 1885 und unabhängig von einer geographischen Zentrierung auf die *Red River*-Region fortgesetzt wurde. Bei der Gründung der *Alberta Métis Association* im Jahr 1932 wurde diesem Blickwinkel dadurch Rechnung getragen, dass jeglichen Individuen indigener Herkunft die Mitgliedschaft in der Organisation freigestellt wurde.[165]

Die oben dargestellte Begriffsvielfalt veranschaulicht, dass es eine einzelne definierbare *Metis*-Identität nicht gibt. So wies Martin Dunn, der Herkunft nach selbst ein englischsprachiger *Metis*, in seinem Essay *The Definition of Metis – A Double-Edged Blade* aus dem Jahr 1994 auf 36 verschiedene übliche oder historische Bezeichnungen für Menschen gemischter Herkunft in Nordamerika hin, die die obengenannten einschließen, und weitete diese Liste später sogar noch auf über 100 aus.[166] Darunter finden sich zusätzlich solche Bezeichnungen wie *Canayen, Freemen/Gens libres, Home Guard Cree, Home Indian, Natives, Rupertslander* und *Voyageurs*. Diese Vielfalt verdeutlicht die heterogene Herkunft und die verschiedenen Funktionen der *Metis*. Als besonders angemessen erscheint Dunn die Formulierung *Ootip ayim sowak* – „Menschen, die sich selbst gehören“ bzw. „autonome Menschen“. Diese ebenfalls unter *Cree* verbreitete Bezeichnung deutet darauf hin, dass *Metis* durch das ihrer Lebensweise inhärente Unabhängigkeitsgefühl durch die Büffeljagd und als Zwischenglied zwischen den Kulturen gleichsam jenseits jeglicher engen Definitionszuweisungen, die äußere, berufliche oder biologische Merkmale zu Kriterien wenden, existieren.[167] Gleichzeitig machte Dunn stets eindringlich auf die Gefahr aufmerksam, dass jeder Versuch einer Definition menschlicher Identität eine Verletzung individueller Erfahrungen bedeuten kann. Um dem vorzubeugen, bemühte sich der Autor selbst um eine inklusive Definition von *Metis* und grenzte sich damit von heute einflussreichen politischen Lobby-Organisationen der *Metis* ab, die zumeist eine exklu-

164 Ebd.
165 Dobbin 1981, S. 61.
166 Dunn 1994a.
167 Harrison 1985, S. 12. Harrison weist darauf hin, dass es den *Metis* gelang, ihre Unabhängigkeit vor Versuchen der Manipulation zu bewahren. Sie verwendet hier die Schreibweise: “*o-tee-paym-soo-wuk*”.

sive Definition vorziehen, um kurzfristige politische Ziele für einige Tausend Menschen in Kanada zu erzielen. Dagegen ließen sich mit einer expansiveren Definition mehrere Hunderttausend bis Millionen Menschen mit einbeziehen, für die diese Inklusion eine adäquatere Identifikation liefern könnte.[168] Dabei machte Dunn mindestens drei Faktoren für die Bestimmung von *Metis*-Identität aus: indigene und zugleich nicht-indigene Abstammung, Selbstbezeichnung als *Metis* und die Akzeptanz durch eine *Metis*-Gemeinschaft. Dunn selbst schätzte, dass unter einer möglichst breiten Auslegung dieser Faktoren etwa zehn Millionen Kanadier als *Metis* bezeichnet werden könnten.[169] Die Historikerinnen Peterson und Brown dagegen gingen aus einer akademischen Forschungsperspektive von einer weit geringeren Schätzung aus, in die sie jedoch *non-status Indians* einbezogen. Demnach gebe es etwa 750.000 *Metis* in Kanada allgemein und 250.000 *Great Lakes Metis* (Schnittstelle zwischen Kanada und den USA) und *Metis* in den nördlichen USA.[170] Diese Zahlendiskussionen geben einen Eindruck von der Schwierigkeit wieder, sich auf eine einzelne Definition von *Metis*-Identität festzulegen.

Fazit: Multikulturalität als Makel

Die obigen Ausführungen lassen vermuten, dass der Vorgang der *Metis*-Genese noch nicht zum Abschluss gelangt ist. Zudem darf getrost die These vertreten werden, dass wir es weniger mit *einer* Metis-Identität und -Geschichte, als vielmehr mit zahlreichen Geschichten und kulturellen Identitäten zu tun haben, die viele *Metis*-Aktivisten unter dem Begriff "Nation" um die politische Dimension erweitert wissen wollen. Obschon sich kanadische Studien über die *Metis* in der Vergangenheit hauptsächlich auf die *Red River*-Region konzentriert haben,[171] ist doch mittlerweile ein Trend abzusehen, der der Erkenntnis, dass es zahlreiche verschiedene *Metis*-Gruppen gibt, durch diverse Lokalstudien Rechnung zu tragen bemüht ist.[172] Sieht man wie vergleichsweise weit die Erforschung der kanadischen *Metis* fortgeschritten ist, so wird selbiges für die US-amerikanischen Verhältnisse zum Desiderat.

Die Fremdbezeichnungen für *Metis* haben im Lauf der kanadischen Geschichte neben weitaus neutraleren Zuschreibungen auch die Gestalt deklassierender äußerer Merkmalsbetonungen mit metaphorischem (*bois-brûlé*) oder biologischem (*half-breed*) Charakter angenommen. Dabei ist festzustellen, dass es eine Differenz in der Fremd-

[168] Dunn 1994a.

[169] Ebd.

[170] Peterson/Brown 1987, S. 34.

[171] Siehe vor allem: Lussier/Sealey 1978; D. N. Sprague/R. P. Frye: *The Genealogy of the First Metis Nation: The Development and Dispersal of the Red River Settlement, 1820-1900*, Winnipeg 1983 (zit. Sprague/Frye 1983) und Gerhard Ens: *Homeland to Hinterland: The Changing Worlds of the Red River Metis in the 19th Century*, Toronto 1996 (zit. Ens 1996).

[172] Vgl. Ens 1996. Auch Nicole St.-Onge: "The Dissolution of a Métis Community: Pointe à la Grouette, 1860-1885", in: *Studies in Political Economy* 18, 1985, S. 149-172 (zit. St. Onge 1985) und Trudy Nicks: "Grande Cache: The historic development of an indigenous Alberta métis population", in: Peterson/Brown 1987, S. 163-181 (zit. Nicks 1987).

bezeichnung durch französische und durch englische Einwanderer gibt, die die jeweilige Kolonialpolitik ihrer Heimatregierungen zu reflektieren scheint. So vermag die französische Bezeichnung *Métis* wegen des fehlenden diskriminierenden Untertons eine kulturell offenere und tolerantere Haltung gegenüber indigenen Völkern wiederzuspiegeln, während der englische Terminus *Halfbreed* eine rassistische Vorstellung von genetischer Halbwertigkeit indigen-europäischer Menschen offenlegt. Zahlreiche Studien haben auf diesen Gegensatz in der kulturellen Begegnung mit indigenen Völkern hingewiesen.[173] Es wurde argumentiert, dass für eine frühe Periode bis 1763 eine positivere Haltung der Franzosen im Gegensatz zu den Engländern festzustellen sei. Daraus sei eine Offenheit und verstärkte Motivation auf Seiten der französischen Einwanderer zur Mischung mit Indigenen gefolgt, während diese bei den Engländern zunächst seltener anzutreffen gewesen sei. Die englischen Bezeichnungen *halfbreed, half-caste* und *country-born* weisen dabei auf eine Parallele zu den Verhältnissen in Indien und weiteren britischen Kolonien hin. Die inhärente negative Konnotation und der Hinweis auf die vermeintliche soziale Unterlegenheit der dunkelhäutigeren *Metis* bleibt in dieser Begriffswahl unverkennbar. Zudem kommt darin das englische Überlegenheitsgefühl der neuen Siedler in einer kolonialistischen Haltung zum Ausdruck, die die frühe Fremdwahrnehmung der *Metis* bestimmt. Überlegenheitsgefühl und Kolonialgebaren der Europäer resultieren dabei aus der teilweise indigenen Herkunft der *Metis*, die, in dieser Tradition stehend, in das Schema der stereotypisierten Indianer gedrängt werden. Der Begriff "halfbreed" vor allem bringt ein abwertendes Verständnis zum Ausdruck, das zum einen aus der Konnotation dieses Begriffs mit Nachkommen aus ungesetzlichen, d. h. stigmatisierten Lebensgemeinschaften herrührt, zum anderen aus der rassistischen Argumentation von einer genetischen "Halbwertigkeit" im Gegensatz zu einer ethnisch vermeintlich homogenen "Vollwertigkeit". In der Begriffswahl finden sich zudem Hinweise auf die Multikulturalität der *Metis* zumeist in einem negativen Verständnis als eine zwischen den Kulturen stehende, scheinbar in sich zerrissene Ethnie, wie sie vor allem die benachbarten indigenen Völker der *Cree* und *Ojiwba* verwendeten (*apet'ililew* und *wemistikosheekan*). Eine positive Besetzung der multikulturellen Herkunft ist in den Fremdbezeichnungen in der Regel nicht zu finden. Zugleich ist eine Begriffsvielfalt festzustellen, die sich zum einen aus den diversen Blickwinkeln (weiße Kolonisatoren und Siedler, vermeintlich rein-indianische Nachbarvölker) und zum anderen der Sprachenvielfalt (Cree, Französisch, Englisch, Ojiwba) erklärt. Das daraus resultierende Konglomerat an Bezeichnungen hat seine Ursache zudem in der Uneinheitlichkeit der *Metis*-Identität, die aus der Fremdperspektive als Makel und infolgedessen abwertend wahrgenommen wird. Diese Motivation zur Abwertung einer gemischten Identität, die auch aus den weiter oben angeführten Gründen herrührt, hat dazu geführt, dass *Metis* in ihrem Selbstverständnis verunsichert wurden und dadurch häufig an Minderwertigkeitsgefühlen litten. In autobiographischen Darstellungen von *Metis* wird die-

173 Vgl. für die französische Politik Jaenen 1980, S. 59-72, für die englische Politik Jennings 1975.

ser Aspekt der Identitätsproblematik besonders deutlich.[174] Es ist jedoch gerade die Vielheit und Komplexität ihrer multikulturellen Identität, die im Gegenzug gleichzeitig das Potential für eine positive Selbst- als auch Fremdwahrnehmung bietet. Stolz auf das eigene sowohl indigene als auch europäische Erbe wird von *Metis* dabei als eine der grundlegenden Voraussetzungen begriffen und dementsprechend von zahlreichen *Metis*-Autoren hervorgehoben und eingefordert.[175] Die Bezeichnung *Ootip ayim sowak* (autonome Menschen) erscheint in diesem Zusammenhang daher tatsächlich als eine geeignete Zuschreibung für *Metis*, birgt jedoch ein erhebliches idealistisches Potential. Sie beinhaltet eine positive Betonung der multikulturellen Herkunft als eigenständiges Erbe der *Metis*, sieht sie als selbstständige Individuen ungeachtet der biologischen und genetischen Faktoren oder der Zwänge aus ihren Funktionen im Pelzhandel an und reduziert sie nicht auf äußere Merkmale.

[174] Vgl. Campbell 1983, Culleton 1984, Anderson 1985 und Calihoo 1991. Vgl. Anderson: "*I, too, have experienced an inferiority complex, being of mixed blood. Nothing was done in the open for fear of being laughed at.*", in: dies. 1985, S. 17.

[175] Vgl. Anderson 1985, Redbird 1980, Adams 1975.

Die Erforschung der Herkunft liefert kein Fundament: sie beunruhigt, was man für unbeweglich hielt; sie zerteilt, was man für eins hielt; sie zeigt die Heterogenität dessen, was man für kohärent hielt.[176]

Michel Foucault

3. Die Genese der Metis-Ursprünge in Nordamerika

Die Vielgestaltigkeit einer *Metis*-Nation lässt sich aus ereignisgeschichtlicher Perspektive nicht adäquat wiedergeben. Vielmehr muss die Genese als eine Konvergenz geographisch, ethnisch und zeitlich diverser Entstehungsorte verstanden werden. Hierzu soll die Begriffsanalyse der *Metis* auf die Ursprungs- und Entstehungsdiskussion ausgeweitet werden. Ausgehend von der Frage, welche Gruppen unter welchen Bezeichnungen zu den *Metis* gezählt werden, soll im folgenden untersucht werden, wie die Begrifflichkeit die Identifizierung einer *Metis*-Nation ermöglichen kann.
Ein konventioneller Definitionsversuch, der die größtmögliche Übereinstimmung verschiedener Autoren in Anspruch nehmen kann, begreift den Begriff "Metis" zunächst als Bezeichnung für Menschen indigen-europäischer Herkunft in Kanada. Damit ist zunächst nichts über die einzelnen nationalen Einflüsse, die geographische Verteilung oder die Größenordnung und Lebensweise dieser Gruppe ausgesagt. Differenzierungen ermöglichen schließlich den Blick auf die Vielgestaltigkeit dieser Identität, der keine einheitliche Lokalisierung zugrunde liegt.[177] Geographisch werden dabei in der Regel zwei entscheidende *Metis*-Ursprünge bestimmt, die sich zunächst im Nordosten am *St. Lawrence* und in der Region der *Great Lakes* und im Nordwesten am *Red River* (*Rupert's Land)* befinden. Eine dritte Hauptkomponente der *Metis*-Identität bildete sich zu einem späteren Zeitpunkt zudem an der Westküste aus. *Metis* werden dabei nicht nur nach geographischem Ursprung, nationalen und Spracheinflüssen und Konfession unterschieden, sondern zudem nach ihrer Zugehörigkeit zu einer der beiden Pelzhandelstraditionen in der *Hudson Bay* im Nordwesten und an den *St. Lawrence Great Lakes Water Systems* in der Region um Montréal im Nordosten.[178] In diesen Regionen gingen *Metis* aus unterschiedlicher europäischer und indigener Herkunft hervor. Aufgrund diverser Funktionen im Pelzhandel entwickelten *Metis*-Gruppen dabei zum Teil verschiedene Lebensweisen. Erklärungsbedürftig ist hierbei, dass eine *new nation* als politische Bewegung lediglich im Nordwesten, nicht jedoch im Nordosten Kanadas entstehen konnte.
Aufgrund des Differenzierungsmerkmals über die Zugehörigkeit zu einer der Pelzhandelstraditionen im Nordosten und im Nordwesten werden zwei kontrastierende

[176] Foucault 1996, S. 74.
[177] Siehe zum Problem der *Metis*-Ursprünge vor allem John E. Foster: „Some questions and perspectives on the problem of métis roots" (zit. Foster 1987), in: Peterson/Brown 1987, S. 73-91.
[178] Vgl. diese Einteilung nach Pelzhandelstraditionen bei Foster 1978.

Identitäten bestimmt.[179] Der Pelzhandel war bereits im 16. Jahrhundert von den Europäern im Osten Kanadas initiiert worden und erstreckte sich von dort aus landeinwärts in Richtung der Prärie in den Nordwesten des Landes, wo er unter die Kontrolle der zwei Pelzhandelsgesellschaften *Hudson's Bay Company* in Rupert's Land und der in Montréal ansässigen *North West Company* geriet.[180] Die europäischen Nationen, die hauptsächlich am Pelzhandel beteiligt waren, bildeten dabei unterschiedliche Strategien in der Frage des Kontakts zwischen Indigenen und Europäern aus, die zugleich die politischen Zielsetzungen der jeweiligen Heimatregierungen widerspiegelten. So ging es Frankreich vor allem um die Assimilierung der indigenen Völker an die Lebensweise der französischen Einwanderer, um auf diesem Wege eine französische Kolonie in Übersee zu schaffen. Der Kontakt zwischen Indigenen und Europäern war demnach erwünscht und wurde teilweise durch finanzielle Anreize bestärkt.[181] Diese Politik änderte sich zwischenzeitlich, als sie nicht die gewünschten Ergebnisse zeitigte. Die Engländer hingegen versuchten, von Anbeginn jegliche interkulturellen Heiratsbestrebungen zu unterbinden. Der Erfolg der Franzosen in der Festigung von Handels- und Militärallianzen[182] und die Unmöglichkeit, Begegnungen zwischen den englischen und schottischen Angestellten der *Hudson's Bay Company* mit indigenen Frauen per Dekret zu unterbinden, brachte die Engländer schließlich ab Mitte des 18. Jahrhunderts verstärkt von ihrer Verbotsstrategie ab.[183] Angesichts einer sich an der Südgrenze Kanadas bildenden feindlichen USA wurden auch für die Engländer Allianzen mit indigenen Völkern dringlicher.

Aus diesen unterschiedlichen Traditionen gingen demnach aus Mischehen der zunächst nur englischen, nach 1682 auch schottischen und ab dem 18. Jahrhundert orkneyschottischen Angestellten der *Hudson's Bay Company*[184] mit indigenen Frauen die englischsprachigen und zumeist protestantischen *Metis* hervor. Sie wurden zunächst nur unspezifisch unter den Bezeichnungen *Native* oder *English* registriert. Die französischen Händler an den *St. Lawrence Great Lakes Water Systems* in der Region um Montréal dagegen brachten französischsprachige, katholische *Metis* hervor und diese wurden sowohl in der Fremd- als auch der Selbstbezeichnung vorwiegend *Métis* genannt. Nachdem die schottische *North West Company* ab 1779 in Konkurrenz mit der *Hudson's Bay Company* getreten war, kam es in der Region am *St. Lawrence* ebenfalls zur Herausbildung englischer *Metis*. Die britischen Nachnamen der letzteren wurden dabei in frankophone *Metis*-Gemeinschaften in *Lower Canada* (heute: Québec) absorbiert.[185] Einige Darstellungen zeigen jedoch, dass diese Einteilung nach geographischer Verteilung und Zugehörigkeit zu einer der Pelzhandelsgesellschaften nicht immer schlüssig erscheint. So gab es im umgekehrten Fall nämlich auch französische *Métis* als Angestellte der HBC, wie die Arbeit der *Metis*-Frau Anne Anderson

[179] Ebd.

[180] Vgl. Innis 1962; Harrison 1985, S. 18. Zum Pelzhandel siehe auch die Darstellung von Judd/ Ray 1980.

[181] Dickason 1998.

[182] Vgl. Marcel Giraud 1945, S. 312-331, und Peterson 1987.

[183] Surtees 1975, S. 262f.

[184] Vgl. Carol M. Judd: " 'Mixed Bands of Many Nations': 1821-1870", in: Judd/Ray 1980, S. 129.

[185] Flanagan/Foster 1985, S. 5.

zeigt.[186] Zudem lässt sich nach dem Zusammenschluss beider Pelzhandelsgesellschaften im Jahr 1821 diese Einteilung nach ethnischer Herkunft nicht mehr sinnvoll aufrechterhalten. Die *Irokesen-* und *Saulteaux*-Gemeinschaften nördlich und westlich des *Red River*-Gebiets hingegen gehörten als Angestellte der *North West Company* ursprünglich zur *St. Lawrence*-Tradition, setzten ihre Tätigkeit jedoch nach 1820 für die *Hudson's Bay Company* fort.[187]

Bemerkenswert bei diesen unterschiedlichen Identitätsausbildungen ist, dass der Begriff "Metis" in der *St. Lawrence*-Pelzhandelstradition geprägt wurde, während es in der *Hudson Bay*-Tradition zunächst keinen vergleichbaren Ausdruck für eine neue ethnische Gemeinschaft gab, mit Hilfe dessen Individuen gemischter Herkunft von Indigenen und Europäern unterschieden werden konnten. Seit der zweiten Dekade des 19. Jahrhunderts bezeichnete der Terminus *Metis* oder der englische Äquivalenzausdruck *Halfbreed* hingegen fortan eine neu entstandene Gemeinschaft. Als *Metis* bezeichneten sich schließlich zahlreiche gemischte Gemeinschaften auch selbst.[188]

Die *Metis* der *Hudson Bay*-Tradition wurden zunächst vielmehr unter unspezifischen Kategorien wie *Native* oder *English* – wie bereits oben erwähnt – geführt.[189] Dabei wurde in beiden Traditionen eine soziokulturelle Unterscheidung zwischen Indigenen und Europäern getroffen, die sich weniger aus biologischen Attributen als aus einer spezifischen Lebensweise ergab. So wurden Kinder aus indigen-europäischen Heiratsverbindungen in der Regel zunächst mit der Herkunft der Mutter assoziiert. Wenn das Kind beim Stamm der Mutter großgezogen wurde – eine häufig anzutreffende Praxis – so wurde das Kind automatisch als *Indian* oder *Native* bezeichnet. Falls Mutter und Kind jedoch im Pelzhandelsstützpunkt lebten, wurde das Kind in der *St. Lawrence*-Tradition als *Canadien* oder *Scots* und in der *Hudson Bay*-Tradition als *English* bezeichnet, also jeweils der europäischen Ethnie zugeschlagen.[190]

Ein Kriterium, das die Vielfältigkeit der *Metis*-Identität besonders gut veranschaulicht, ist die Vielzahl an Sprachen, die von *Metis* gepflegt werden. Neben Englisch, Französisch und Cree bildete sich vor allem im Gebiet um *Turtle Mountain* in South Dakota eine neue Mischsprache aus diversen Elementen aus: *Michif* gilt als ein Dialekt der Cree-Sprache, der aus Cree-Substantiven, französischen Verben und diversen anderen Einflüssen besteht.[191]

---

[186] Anderson 1985, S. 35, 58, 63, 70.

[187] Foster 1978, S. 86.

[188] Ders., S. 84

[189] Ders., S. 86.

[190] Ders., S. 84.

[191] Vgl. Harrison 1985, S. 12 und Pieter Jan Bakker: *„A Language of Our Own": The Genesis of Michif - the Mixed Cree-French Language of the Canadian Métis*, University of Amsterdam Press, PhD 1992 (zit. Bakker 1992).

Die Great Lakes Metis und die Rolle der französischen Kolonialpolitik

Für die Herausbildung einer eigenständigen *Metis*-Identität im 18. Jahrhundert in der Region der *Great Lakes* werden die französisch-indigenen Handelsallianzen seit Mitte des 18. Jahrhunderts als konstitutiv angesehen.[192] Der französische Merkantilismus sah in der Handelspolitik das Hauptinstrument für die Förderung und Durchsetzung der Interessen des französischen Staates.[193] Die Regierung von Louis XIV. verstand das Pelzhandelssystem der *St. Lawrence Great Lakes*-Region daher als eines ihrer Mittel zu imperialer Expansion.[194] Da die französische Regierung für die Aufrechterhaltung ihrer Machtposition im Europa des 17. Jahrhunderts auf die Präsenz einer starken Heimatbevölkerung angewiesen war, versuchte sie statt systematischer Einwanderung einzelne indigen-französische Heiratsverbindungen im Pelzhandel zu begünstigen, um auf diesem Wege französische Siedlungen in Kanada zu schaffen. Damit verfolgte sie den doppelten Vorteil, die französische Präsenz im Ausland zu steigern, ohne die Heimatbevölkerung bedeutend zu reduzieren und zugleich den Erfordernissen des „Überlebenskampfes" in Nordamerika mit der Nutzung unabdingbarer Kenntnisse der dort lebenden Völker durch das geschickte Mittel der Heiratspolitik zu begegnen. Mit Hilfe von Allianzen sollte dieses System gegen die Konkurrenz der übrigen europäischen Händler aufrechterhalten werden.[195] Die Allianzen mit den indigenen Völkern funktionierten vornehmlich über den Austausch von europäischen Waren gegen die von den Indigenen erlegten Pelze. Die Etablierung einer eigenständigen Pelzhandelstradition erfolgte dabei über die Anpassung der Traditionen beider Seiten – der Europäer wie der indigenen Völker – an veränderte Lebens- und Arbeitsbedingungen.[196]

Frankreichs vorrangiges Ziel auf dem nordamerikanischen Kontinent Mitte des 17. Jahrhunderts war daneben die Evangelisierung der indigenen Völker.[197] Diese Politik sollte durch den zunächst gewinnbringenden Pelzhandel in Kanada finanziert werden. Die Aufrechterhaltung der französischen Übersee-Kolonie lag in der Folgezeit daher in den Händen der katholischen Kirche und ihrer Missionare. Das ursprünglich als Missionsstation gegründete Montréal bildete schließlich die Ausgangsbasis für die Ausbeutung im westlichen Pelzhandel. Nach dem Rückgang des Bibers beabsichtigte die französische Regierung, Ende des 17. Jahrhunderts sämtliche Pelzhandelsstützpunkte bis auf einen einzigen aufzugeben. Da dadurch jedoch die Gefahr einer britischen Invasion Neu-Frankreichs und damit der Übernahme des Pelzhandels durch die Briten entstand, waren die französisch-indigenen Militärallianzen gleichfalls von der Auflösung bedroht. Um 1700 gewann deshalb die Sicherung der französisch-indige-

---

192 Adams 1975, S. 68.

193 Vgl. Eli F. Heckscher: *Mercantilism*, London 1935, 2 vols.

194 W. J. Eccles: Toronto 1969 (zit. Eccles 1969), S. 130-131.

195 Ders., S. 116.

196 Foster 1978, S. 82.

197 Vgl. *Édits, Ordonnances royaux. Déclarations et Arrêts du Conseil d'État du Roi concernant le Canada*, Québec 1854, p. 5-11, zit. nach W. J. Eccles: "A Belated Review of Harold Innis' 'The Fur Trade in Canada' ", in: *Canadian Historical Review*, Vol. LX, no. 4, Dec. 1979, (zit. Eccles 1979), S. 421.

nen Kriegsallianzen vor der rein ökonomischen Ausbeute im Pelzhandel an Priorität, so dass die Franzosen verstärkt auf diese Form der Machtpolitik setzten. Sie verfolgten angesichts ihrer eigenen zahlenmäßigen Unterlegenheit fortan das Ziel, jeglichen Kontakt zwischen Indigenen und Briten zu verhindern, indem sie den Briten in der Lieferung europäischer Waren zuvorkamen. Die Pelzhandelsstationen wurden fortan – selbst unter Inkaufnahme finanzieller Verluste – als militärische Stützpunkte in diesem Machtspiel genutzt, solange sie nur diese koloniale Politik stützen konnten.[198] Im französisch-britischen Gegensatz erlangten somit die indigenen Völker eine Bedeutung, die sich weit stärker auf den Balanceakt zwischen diesen beiden Mächten auswirken sollte als jeder andere Faktor im nordamerikanischen Kolonialkonflikt.[199]
Den Franzosen war es infolgedessen gelungen, in den ersten Dekaden des 18. Jahrhunderts an der Ostküste Kanadas in der Region um Montréal ein Handelsnetzwerk mit indigenen Völkern im Landesinneren des nordamerikanischen Kontinents zu errichten und aufrechtzuerhalten. Dieses stützte sich neben Tauschverträgen und dem Aufbau von Handels- und Militärstützpunkten auf Heiratsverbindungen mit indigenen Frauen. Für die Aufrechterhaltung dieses Netzwerkes waren die *coureur de bois* und später die *voyageur-trader* (zu deutsch etwa: reisende Händler) konstitutiv. Aus der zunächst kurzfristig geplanten Heiratsallianz dieser Berufsgruppen mit indigenen Frauen sicherten sich diese Pelzhändler die Verbindung zu indigenen Völkern.[200] Deren Aufgabe bestand darin, den Kontakt zu den indianischen Jägern im Landesinneren zu pflegen, die als Lohn für ihre Jagdtätigkeit mit europäischen Waren beliefert werden mussten.[201] Im Gegenzug brachten die *coureurs de bois* und *voyageurs* die begehrten Pelze zum Handelsstützpunkt.[202] Sie bildeten gleichsam den Knotenpunkt zwischen den Handelsstützpunkten und den Außenposten im Landesinneren. Diese Rolle wurde später vornehmlich von *Metis* übernommen.
Die französische Kolonialpolitik auf dem nordamerikanischen Kontinent hatte zunächst keineswegs die Herausbildung einer *new nation* zum Ziel gehabt oder beabsichtigt, die Gründung einer Nation von *Metis* befördern zu helfen. Vielmehr ging es Frankreich mit der Schaffung einer französischen Übersee-Kolonie um die Ausdehnung seines Machtbereichs durch die Assimilierung der Indigenen an den Lebensstil der französischen Pelzhändler. Der Kontakt zwischen französischen Händlern und indigenen Frauen resultierte dabei aus der Niederlassung indigener Jäger in der Nähe der Stützpunkte der Pelzhandelsgesellschaften, da deren Angestellte von den Nahrungsvorräten dieser Jäger abhängig waren.[203] Auf dem gesamten nordamerikanischen

198 Eccles 1979, S. 423.
199 Vgl. Eccles 1979, ebd. Eccles weist in seinen Ausführungen zudem überzeugend nach, dass Harold Adams Innis' Pionierarbeit über den Pelzhandel in Kanada (*The Fur Trade in Canada*, Toronto 1962) zahlreiche Defizite und eine einseitig ökonomisch ausgerichtete Analyse enthält, die sämtliche politischen Machtverflechtungen und -implikationen übersieht. Vgl. auch Martin Dunns Ausführungen in OMNSIA 1980.
200 Vgl. Eccles, S. 55, 57-59, 126, 131, 146-149.
201 Peterson 1987, S. 40.
202 Vgl. Grace L. Nute: *The Voyageur*, New York 1931, reprint: St. Paul 1955, S. 93f.
203 Vgl. Olive Dickason: "From "One Nation" in the Northeast to "New Nation" in the Northwest: A look at the emergence of the métis", in: Peterson/Brown 1987 (19-36), S. 21, 22 (zit. Dickason 1987).

Kontinent war es inzwischen zu Heiratsverbindungen zwischen Indigenen und Europäern gekommen. Dabei handelte es sich in vielen Fällen um Zweckgemeinschaften, die nicht nur wegen des Mangels an europäischen Frauen in Kanada entstanden waren.[204] Einen rein pragmatischen Aspekt bildete dabei die beiderseitige Festigung von Handelsallianzen sowie die Nutzung der Arbeitskraft der indigenen Braut, die für das Überleben notwendige landesübliche Kenntnisse und Fertigkeiten mitbrachte. Gleichzeitig steigerte sich durch diese Verbindung das Prestige der indigenen Frau bei ihrem Stamm, da sie nun zu einer Quelle des Reichtums an Waren und Technologie geworden war. Der eigentliche Vorgang der Heirat wurde in der Regel in Absprache mit dem Vater der indigenen Braut vollzogen: Gegen eine bestimmte Anzahl von Handelsgütern überließ dieser dem europäischen Anwärter die Tochter, da unter den im Gegensatz zu den Europäern weitaus kollektiver organisierten indigenen Völkern die allgemeine Überzeugung herrschte, dass solche Arrangements dem Wohl der Gemeinschaft dienten.[205] Im Nordwesten Kanadas wurde die Heirat mit indigenen Frauen vorwiegend *à la façon du pays*, d. h. nach landesüblichen, sprich indigenen Ritualen mit dem Ziel der Familiengründung zelebriert. Die folgende Beschreibung eines Angestellten der *North West Company* verdeutlicht die Sichtweise der Europäer auf diese Form der Heiratspolitik:

"When a person is desirous of taking one of the daughters of the Natives, as a companion, he makes a present to the parents of the damsel, of such articles as he supposes will be most acceptable; and, among them, rum is indispensable; for of that all the savages are fond, to excess. Should the parents accept the articles offered, the girl remains at the fort with her suitor, and is clothed in the Canadian fashion. The greater part of these women, as I am informed, are better pleased to remain with the white people, than with their own relations. Should the couple, newly joined, not agree, they are at liberty, at any time, to separate; but no part of the property, given to the parents of the girl, will be refunded."[206]

Frankreichs Politik führte jedoch nicht zum gewünschten Ziel: Statt einer Assimilierung der Indigenen an die französische Lebensweise vollzog sich häufig eine Annäherung der Franzosen an den Lebensstil der indigenen Frauen, die sie zudem meist ohne christlichen Segen geheiratet hatten. Mit Beginn des 18. Jahrhunderts begann die französische Kolonialregierung daher, ihre Politik hinsichtlich des Heiratsverhaltens zu modifizieren. Die Herausbildung eigenständiger Gemeinschaften in der Region der *Great Lakes* im Osten Kanadas konnte sie dadurch allerdings nicht mehr verhindern. Von den Franzosen als *Métis* bezeichnet, bildeten diese Gemeinschaften die Grundlage für die Herausbildung zahlreicher amerikanischer und kanadischer *Metis*-Gemeinschaften an den *Great Lakes* wie Detroit und Sault Ste. Marie.[207]

---

[204] Giraud 1945, S. 724.
[205] Dickason 1998, S. 6.
[206] Daniel Harmon im Jahr 1800, zit. nach Stanley 1936, S. 6.
[207] Vgl. Krosenbrink-Gelissen 1989, S. 33.

Die Entstehung vollzieht sich immer innerhalb eines bestimmten Kräfteverhältnisses. Die Analyse der Entstehung muss das Spiel dieser Kräfte aufzeigen, ihren Kampf gegeneinander, ihren Kampf gegen widrige Umstände.[208]

Michel Foucault

Die Red River Metis im Kräftedreieck von Ontario, Québec und den USA

Die zweite Komponente einer *Metis*-Identität bildete sich in der *Red River*-Region aus, wohin nach dem Zusammenschluss beider Pelzhandelsgesellschaften nach 1821 neben zahlreichen *Metis* aus dem *St. Lawrence*-Tal auch englische *Metis* der *Hudson's Bay Company* gezogen waren, die dort als Farmer, *voyageurs* und/oder private Händler arbeiten wollten.[209] In der Forschungsliteratur wird der Begriff *Metis* daher häufig auch nur auf solche Individuen angewendet, die am *Red River* als Büffeljäger die Pelzhändler mit dem nötigen Dörrfleisch *pemmican* belieferten. Sie werden vor allem mit dem Konzept der *new nation* in Verbindung gebracht, wie sich viele *Metis* nach der Bedrohung ihres Territoriums durch schottische Siedler und dem daraus folgenden *Battle of Seven Oaks* im Jahr 1816 nannten.[210] Aufgrund der herausragenden Bedeutung für den Pelzhandel wird am *Red River* zumeist die eigentliche Heimat der *Metis* lokalisiert.[211]

Die *Red River*-Region stellte wirtschaftsstrategisch gesehen eine wichtige Position in Nordamerika dar, da der Fluss die York-Fabrik in der *Hudson Bay* mit dem wirtschaftlich aufstrebenden St. Paul im US-amerikanischen Minnesota verband. Der *Red River* strömte durch das Gelände der Pelzhandelsgesellschaft *Hudson's Bay Company* in *Rupert's Land* – wie die Region zwischen Ontario und den Rocky Mountains genannt wurde. An diesem Gebiet lässt sich neben seiner Funktion im westlichen Pelzhandel zugleich exemplarisch der französisch-britische Gegensatz in Kanada aufzeigen: Aufgrund der wirtschaftsstrategisch entscheidenden Positionierung des *Red River* rangen hier französische wie auch britische Siedler um dessen Kontrolle. Dabei konnten die französischen *Métis* auf Unterstützung aus dem vorwiegend französisch besiedelten Québec hoffen, während zugleich Siedler aus dem englischsprachigen Ontario zunehmend darum bemüht waren, ihr Kapital und ihre Wirtschaftsinteressen am *Red River* durchzusetzen.[212] Gleichzeitig spielten auch US-amerikanische Interessen in den Konkurrenzkampf um die Macht am *Red River* hinein. Die ökonomischen Verbindungen zwischen dem amerikanischen St. Paul in Minnesota mit dem angren-

---

208 Foucault 1996, S. 76.

209 Vgl. Foster 1978 S. 85.

210 Vgl. Dickason 1998, Peterson 1987, Giraud 1945, Stanley 1936.

211 Vgl. Dickason 1998, S. 4.

212 Jonas A. Jonasson: "The Background of the Riel Rebellions", in: *Pacific Historical Review*, Vol. III (1934), S. 272 (zit. Jonasson 1934).

zenden kanadischen *Rupert's Land* ließen die politische Grenze am 49. Breitengrad obsolet erscheinen.[213] Sie bildete gleichsam einen Störfaktor innerhalb des ökonomisch engmaschig verquickten *Red River*-Tals. Viele Amerikaner hatten sich dort als Saloon-Betreiber und Händler von Waren aus St. Paul niedergelassen. In annexionistischer Manier hofften die nationalistisch oder patriotisch Gesinnten unter ihnen, dass die Sogwirkung der dortigen ökonomischen Kräfte dieses Gebiet in die USA absorbieren werde. Damit repräsentierten sie im *Red River*-Gebiet Kanadas auf wirkungsvolle Weise den Ehrgeiz des wirtschaftlich und industriell florierenden St. Paul, das sich zunehmend als nordamerikanische Metropole gerierte. Diesen auf ökonomischen Kräften beruhenden Annexionshoffnungen fehlte es zunächst jedoch an einem bedeutsamen aktionspolitischen Äquivalent.
Dennoch empfand man in Kanada die reale Gefahr einer Einverleibung dieser Region in die 1783 gegründeten Vereinigten Staaten von Amerika.[214] Das Kräftedreieck in *Red River* bestehend aus dem englischsprachigen Ontario, dem französischsprachigen Québec und den angrenzenden USA, in dem alle drei Regionen ihren Einfluss auszuüben bemüht waren, deutet auf eine explosive Wirkung auf die *Red River*-Siedlung hin. Die *Metis* hatten sich im 19. Jahrhundert mit diesen drei Mächten auseinanderzusetzen und mussten sich im Hinblick auf ihre angestrebte eigene Nationsformierung in diesem Kräfteverhältnis positionieren. Die Bedrohung durch äußere Gefahren wie Annektierung durch die USA, Zerfall in ethnische Lager und territoriale Aneignung durch weiße Siedler war demnach in der *Red River*-Region am virulentesten, so dass die Herausbildung einer relativ kohärenten Gruppenidentität und einer politisch-nationalistischen Bewegung dort am ehesten stattfinden konnte. Zudem konnte sich hier aufgrund der relativen geographischen Isolation und der zunehmenden Bedeutung des Büffel- und Pelzhandels ein eigenständiger *Metis*-Lebensstil, der sich von dem ihrer Nachbarn unterschied, besonders gut herausbilden. Dieser war gekennzeichnet durch eine semi-nomadische Lebensform und Arbeitsweise, die von den Erfordernissen der Büffeljagd, des Trappens und des Pelzhandels vorgegeben wurde. Im *Red River*-Gebiet kam es dabei zur Begegnung und Verschmelzung von verschiedenen *Metis*-Gruppen. Diese unterschieden sich sowohl nach ihrer Sprache, Konfession und Siedlungsweise als auch nach ihren diversen Funktionen im Pelzhandel.[215]
Durch das Zusammenleben verschiedener *Metis*-Gruppen am *Red River* nach 1821 traten die Differenzen in ihren Funktionen im Pelzhandel und ihren Lebensweisen stärker hervor. Die vorherrschenden Gruppen waren dabei die Präriejäger und die alten Handelsfamilien. Daneben gab es jedoch auch Fischer, *voyageurs* und auch Farmer.[216] Angesichts sowohl der Eigenwahrnehmung aller dieser Gruppen als *Metis* als auch der Fremdwahrnehmung der *Metis* als einer einzelnen Kollektivität, erscheint es zutreffend, die Bezeichnung „Metis" auch für Individuen außerhalb der *Red River*-

[213] Vgl. OMNSIA 1980, S. 13.
[214] Zur Frage des amerikanischen Einflusses auf die *Red River*-Region siehe vor allem W. L. Morton (ed.): *Alexander Begg's Red River Journal and Other Papers Relative to the Red River Resistance of 1869-70,* Toronto 1956, S. 8f., 85f. (zit. Morton 1956); vgl. auch Jonasson 1934, S. 272.
[215] Vgl. Dickason 1998 und Peterson 1987.
[216] Vgl. Giraud 1945, S. 968-973.

Region anzuwenden und sie nicht allein über die Funktion des Büffeljägers im Pelzhandel zu bestimmen.[217]

Weitere Metis-Populationen

Eine weiterere *Metis*-Komponente wird bei den *Irokesen* lokalisiert.[218] Aus der Abwanderung dieses Indianerstammes ab 1794 im Zuge der Ausdehnung des Pelzhandels vom östlichen Montréal (Québec) in Richtung westliches Kanada bildeten sich drei Populationen mit unterschiedlichen Lebensweisen heraus. Zwischen 1790 und 1815 wurden etwa 350 *Irokesen* zunächst im östlichen Pelzhandel in der Region um Montréal tätig. Ihre Funktionen im Pelzhandel waren dabei vielfältig: So war der Großteil als *voyageur* und Pelzjäger sowohl für die NWC als auch die HBC tätig. Die *voyageurs* waren damit beauftragt ins Landesinnere zu reisen, um dort Jagdterritorien zu erschließen. Andere arbeiteten dagegen als Dolmetscher, Anführer und/oder Jäger. Diese Tätigkeiten übten die *Irokesen* entweder vertraglich oder als selbstbestimmte *freemen* aus. Etwa 80% der *Irokesen* waren Angestellte der *North West Company,*[219] während nur ca. 20% ohne vertragliche Bindung tätig waren, was viel schwieriger und aufwändiger war. Mit dem Vordringen der *Hudson's Bay Company* Richtung Athabasca im Jahr 1815 nahmen die *Irokesen* jedoch zunehmend auch Aufträge von der Konkurrenz an.[220] Sie spielten demnach in der Erschließung des Jagdterritoriums für den Pelzhandel eine entscheidende Rolle. Vor allem die nomadischen *freemen,* die teilweise auch für den eigenen Bedarf jagten, verfügten über wichtige Ortskenntnisse und Erfahrungen mit anderen indigenen Völkern, durch die sie für die Pelzhandelsgesellschaften als Jäger, aber auch Dolmetscher, Anführer und Vermittler allmählich unentbehrlich wurden. Die Instruktionen des HBC-Angestellten George Simpson bezüglich des Vordringens der HBC nach *Peace River* in Athabasca verdeutlichen die Bedeutung der *Irokesen* in der Erschliessung des Jagdterritoriums:

"The Iroquois must be engaged without delay. I shall not limit you to terms, we absolutely need their services and you will therefore make the best bargain you can."[221]

Als größte Irokesen-Gruppe gingen die *Michael-Band-Irokesen* in St. Albert hervor. Die *Rocky Mountain Irokesen* lebten vorwiegend in Jasper und Grande Cache. Die *Grande Prairie Irokesen* hingegen siedelten am *Peace River* in Athabasca.[222] Die *Michael-Irokesen* waren die Nachkommen einer Gruppe von *Irokesen,* die 1799 nach Saskatchewan ausgewandert war. Da unter ihnen jedoch nicht genug irokesische

---

217 Foster 1978, S. 85.
218 Vgl. Trudy Nicks: „The Iroquois and the Fur Trade in Western Canada", in: Judd/Ray 1980, S. 85-101 (zit. Nicks 1980).
219 Dies., S. 86.
220 Dies., S. 87.
221 Zit. nach Nicks 1980, S. 92.
222 Anderson 1985, S. 59. Vgl. hierzu auch Nicks 1987.

Frauen lebten, hatten die Männer vorwiegend *Cree-* und *Metis*-Frauen geheiratet. 1847 traf ein katholischer Geistlicher auf Louis L'Iroquois alias Kwarakwanti von den *Michael-Band-Irokesen* und berichtete:

"On the banks of the Lake Jasper, we met an old Iroquois, called Louis Kwarakwanti, or Walking Sun, accompanied by his family of 36. He was absent for 40 years from his country, during which he had never seen a priest, living in the forests of Athabasca and Peace Rivers for 36 years surviving on hunting and fishing. The group immediately set out to follow me to Jasper (Fort). They all knew their prayers in their tongue. I remained at Jasper for 15 days, instructing them in religion and after mass on Easter Sunday they were baptized and seven marriages were renewed and blessed."[223]

Diese Gruppe von *Irokesen* wurde nach Louis' ältestem Sohn Michael, *Michael-Band-Irokesen* genannt. Diese hatten darin eingewilligt, Verträge mit der Zentralregierung einzugehen, die ihnen ein Reservat zuwiesen. Mit *Cree-* oder *Metis*-Frauen gründeten sie vor allem in der Region um *Lac St. Anne* eigenständige Gemeinschaften. Die Hauptaktivität dieser *Irokesen-Cree-Band* bestand in der Landwirtschaft. Während der *Northwest Rebellion* von 1885 schlossen sich einige unter ihnen mit Hilfe des Bischofs Grandin in St. Albert zu den *St. Albert Mounted Rifles*[224] zusammen, um *Metis* in Saskatchewan zu unterstützen.[225] Die *Grande Prairie Irokesen* dagegen hatten sich gebildet, weil sie die Jagd außerhalb des Reservats in St. Albert vorzogen. Diese Gruppe von Nachkommen von Louis L'Iroquois zog 1897 in die Region um *Grande Prairie* bzw. *Peace River Country*. Dies waren vor allem die Callihoos, deren Name laut einiger Autoren ebenfalls auf den irokesischen Namen Kwarakwanti in Caugnawaga in der Nähe von Montréal zurückgehen soll. Varianten dieses Namens lauteten zunächst auch Karehiio und Callioux. Diese *Metis* führten einen vorwiegend semi-nomadischen Lebensstil als Trapper und Farmer.[226] Die rein nomadischen *freemen* werden dagegen als ausgesprochen freiheitsliebend und den Versuchen der Missionare gegenüber, sie für die Landwirtschaft zu gewinnen, als besonders resistent beschrieben. So zogen sie es vor, ihr Leben in der Prärie auf der Büffeljagd und/oder mit Fischerei zu verbringen. Nach erfolgreicher Jagd verkauften sie ihre Beute schließlich an die *Hudson's Bay Company*. Ab 1840 kamen einige dieser *freemen* ebenfalls nach Lac St. Anne.[227]

Die irokesischen *Metis* der verschiedenen Regionen hatten durchaus Kontakt zueinander, so dass die Grenzen ihrer Besiedlung nicht klar voneinander zu trennen sind. So gab es Kontakte zwischen den *Irokesen* in den Rocky Mountains und denen in Grande Cache und Jasper. Unter den letzteren befand sich die Winniandi-Siedlung (*Wanyandi*) 20 km nördlich von Grande Cache. Sie bestand aus sechs Häusern, einem Blockhaus und einem Zelt und wurde von den *Winniandi-Metis* bevölkert. Über diese

223 Anderson 1985, S. 60.

224 „Rifle" bedeutet Büchse, Knarre oder Gewehr.

225 Dies., S. 61.

226 Dies., S. 66f.

227 Dies., S. 73.

Gruppe von *Metis* ist wenig bekannt, abgesehen von der Tatsache, dass sie Cree sprachen und von der Jagd, Fischen, Holzfällen und anderen Tätigkeiten lebten. Diese *Metis* scheinen ebenfalls Nachkommen von Louis L'Iroquois alias Kwarakwanti gewesen zu sein. Eine weitere Gruppe von irokesischen *Metis* lebte zehn Kilometer westlich von Jasper und im Miette-Tal (*Miette Valley*), deren Bezeichnung "Moberly" dagegen auf einen weißen Ahnen zurückgehen soll. Diese *Metis* hatten sich von Jägern und Kanufahrern zu Reitern und Bergsteigern entwickelt.[228]
Durch die Begegnung der *Irokesen* mit den *Cree* und *Metis* wurde die irokesische Sprache in den folgenden Generationen allmählich durch Cree, aber auch Französisch und Englisch ersetzt.[229] Diese Begegnung und Mischung führte schließlich dazu, dass der Nachbarstamm der *Shuswap* diese Gruppe "*le Metif*", was gemeinhin eigentlich die Bezeichnung für die Sprache vieler Metis war, nannte.[230] Die Tatsache, dass manche unter ihnen es seit 1899 vorzogen, über das *scrip*-Verfahren ihren Boden zu verkaufen statt Verträge mit der kanadischen Regierung einzugehen, die sie als Indianer klassifiziert hätten, deutet darauf hin, dass sie sich auch selbst als *Metis* ansahen.[231]

Fazit: die Vielfalt der Metis-Entstehungsorte im Kräfteverhältnis

Die vier Hauptgruppen der *Metis* sind demnach die französischen *Métis*, die englischen *Metis* oder *Halfbreeds,* die *Great Lakes Metis* und die *Metis* westlich und nördlich des *Red River*-Territoriums. Neben dieser geographischen Bestimmung gibt es weitere Unterscheidungen nach semi-nomadischer oder agrarischer Lebensweise, und nach Sprache, Konfession und ethnischer Zusammensetzung, die sich durch die geographische Verteilung eher noch zu verkomplizieren scheint. Jedoch kann für dieses „Netz individueller Spuren" festgestellt werden, dass seine Komponenten ein Produkt des kapitalistischen Systems der Arbeitsteilung im westlichen Pelzhandel sind und sich als eigenständige Identität erst infolge dessen herausbildeten. Diese basierte dabei auf der Entwicklung eigener soziokultureller Lebensformen, die sich in Abgrenzung von weißen und indigenen Gemeinschaften ausbilden konnten.
Obwohl heute davon ausgegangen wird, dass sich das Stammgebiet der *Metis* in den Prärieprovinzen Westkanadas Manitoba, Saskatchewan und Alberta – dem ehemals "nordwestlichen Territorium" – befindet, lag dieser historischen Genese zunächst eine andere geographische Entwicklung zugrunde. Während im Nordosten am *St. Lawrence River* die ersten Kontakte zwischen Indigenen und Franzosen auszumachen sind, um sich schließlich von dort aus in nordwestlicher Richtung (*Great Lakes, Hudson Bay* und *Red River*) auszudehnen, traten solche Kontakte an der Westküste Kana-

[228] Vgl. die Beobachtungen und Aufzeichnungen des Wissenschaftlers A. P. Coleman. Nach Anderson 1985, S. 64f.
[229] Dies., S. 68f.
[230] Dies., S. 63.
[231] Vgl. Foster 1978 und Anderson 1985.

das durch die dort zahlenmäßig geringere Besiedlung durch die Franzosen, die eine führende Rolle in der *métisation* übernahmen, erst sehr viel später auf.[232] Individuen gemischter Herkunft außerhalb der Kernregion des Nordwestens wurden daher zunächst pragmatisch der einen oder anderen elterlichen Seite zugeschlagen.[233] Die anfängliche Bestimmung der *Metis* über eine der beiden Seiten ihres kulturellen Erbes resultierte dabei zum einen aus der Zielsetzung der französischen Kolonialpolitik, die die Identifikation mit der französischen Seite förderte, zum anderen aus der weitverbreiteten Praxis, *Metis*-Nachwuchs beim Stamm der Mutter großzuziehen. Dadurch kam der Frau eine bedeutsame Rolle in der Weitergabe des indigenen Erbes zu, das in der ersten Generation von *Metis* solcher Herkunft dazu führte, sich mit dem Stamm der Mutter, also den Indianern, zu identifizieren.[234] Die ethnische Identität solcher Individuen in den Pelzhandelsregionen der *Great Lakes* und von *Rupert's Land* am *Red River* können dagegen zu einem frühen Zeitpunkt als spezifisch und eigenständig angesehen werden.[235] Diese Mischpopulationen waren jedoch alles andere als homogen: Sie setzten sich auf der europäischen Seite mehrheitlich aus Franzosen, aber auch aus Engländern, Schotten, Holländern, Iren und Skandinaviern, auf der indigenen Seite zumeist aus Angehörigen der Cree-, Ojibwa- und Chipewya-Indianer zusammen.[236] Im kanadischen Westen hingegen entstand zu Beginn des 19. Jahrhunderts eine weitere Metis-Population aus den Pelzhandelsbeziehungen mit den Franzosen. Es waren vorwiegend *Irokesen* und *Saulteaux* im nördlichen Saskatchewan und in Alberta, die mit *Cree-* und *Metis*-Frauen aus der *Red River*-Region Gemeinschaften bildeten und sich seit Ende des 19. Jahrhunderts zu den *Metis* zählten.[237]
Von den meisten Autoren werden dabei vor 1870 im westlichen Kanada vor allem zwei unterschiedliche Gruppen, die der französischsprachigen *Métis* und der englischsprachigen *Halfbreeds*, identifiziert. Während die französischsprachigen *Métis* zumeist eindeutig als solche identifiziert werden – abgesehen von den eher selten verwendeten Bezeichnungen *Bois-Brûlé* oder *Chicot* – besteht einige Konfusion bezüglich der Bestimmung englischsprachiger Individuen gemischter Herkunft. Diese tauchen unter der Bezeichnung *Halfbreed* (auch mit kleinem Anfangsbuchstaben), aber auch als *Scots, English Métis* oder *Métis écossais* auf. Seltener wurden auch die Begriffe *country-born, Rupertslander*, *mixed-bloods* oder *half-caste* auf sie angewandt.[238]
Es besteht Einigkeit darüber, dass die französischsprachigen Büffeljäger römisch-katholischer Konfession, die *Red River Métis* des 19. Jahrhunderts, eine eigenständige kulturell-politische Einheit bildeten, die sie als Anhängerschaft ihres politischen Anführers Louis Riels von den anderen *Metis* unterschied. Die französisch- und cree-

232 Vgl. Dickason 1987, S. 19
233 Vgl. Dickason 1998.
234 Vgl. Brown 1983.
235 Dickason 1998, S. 4, Dickason 1987, S. 19. Zur Herausbildung der *Great Lakes Metis* vgl. Peterson 1987, S. 37-71.
236 Harrison 1985, S. 12.
237 Anderson 1985 und Foster 1978.
238 Vgl. Foster 1978, S. 83f.

sprachigen Büffeljäger römisch-katholischer Konfession im *North Saskatchewan River Valley*, die aus der Abwanderung der *Irokesen* aus dem östlichen Kanada hervorgegangen waren, werden ebenso in das klassische Bild der *Metis* integriert. Schwierigkeiten werden in der Klassifizierung weiterer Gruppen in *Red River* gesehen, die sich in ihrer Funktion und Lebensweise von den Büffeljägern unterschieden wie beispielsweise die französisch- und saulteauxsprachigen, römisch-katholischen *voyageur-farmer* und die englischsprachigen, protestantischen *farmer-tripmen* und Händler. Die englischsprachigen und protestantischen Büffeljäger in anderen Regionen wie *Portage-la-Prairie, Prince Albert* und *Fort Victoria* werden von den übrigen *Metis* dagegen aufgrund ihrer unterschiedlichen Sprache und Konfession unterschieden.
Es kann jedoch davon ausgegangen werden, dass die Mehrzahl der *Metis* keine reinen Büffeljäger oder Zulieferer waren, sondern diverse Funktionen und Tätigkeiten ausübten, die teilweise auch landwirtschaftlicher Natur waren.[239] Die Assoziation der *Metis* mit dem Bild der Büffeljäger bedeutet in dieser Hinsicht über die Reduzierung auf eine bestimmte Tätigkeit die Verkürzung einer *Metis*-Identität auf ökonomische Funktionen, die historisch gesehen jedoch vielmehr variabel und mit dem Ende des Pelzhandels nicht mehr augenfällig waren. Dagegen findet sich in der Forschungsliteratur nicht selten die Ansicht, dass mit dem Aussterben der Büffel in *Red River* und dem Rückgang der Bedeutung des Pelzhandels eine *Metis*-Identität allmählich verschwand.[240] Es erscheint jedoch viel schlüssiger davon auszugehen, dass die *Metis* aufgrund des Verlustes ihrer Lebensgrundlage nach neuen Arbeitsformen suchen mussten, die Landwirtschaft ebenso einschlossen wie diverse andere Tätigkeiten. Zudem bedeutete diese Umstellung auch das Aufkommen eines großen Ausmaßes an Armut unter den *Metis*.[241] Der Rückgang der *Metis* ist weniger über das "Verschwinden" einer typischen *Metis*-Kultur als vielmehr über die Armut in Folge der Umstellungsschwierigkeiten zu erklären, die zusätzlich durch die erzwungenen Migrationen der *Metis* erschwert wurden.

Die Zusammenführung dieser unterschiedlichen Gruppen zu einer selbsternannten Nation hingegen kann indessen nicht als einheitlicher Prozess begriffen werden. Aufgrund der geographischen Verteilung und zeitlich unterschiedlichen Ausbildung von Gemeinschaften scheint sich der Nationsbildungsprozess der *Metis* stark auf die mündliche Überlieferung gemeinsamer Erfahrungen zu stützen, durch die sie sich von anderen Gemeinschaften in Kanada unterschieden. Dabei bilden die Aufstände der Jahre 1816, 1869 und 1885 einen gemeinsamen politischen Referenzpunkt. Das kollektive Gedächtnis der *Metis* umfasst neben diesen zentralen Erfahrungen dabei ebenso indigene wie europäische Kulturelemente. Dies wird zum einen an ihrer Kleidung, die beide Gruppen miteinander zu vereinen scheint, aber auch an der Ausbildung einer Mischsprache neben Englisch, Französisch und Cree und anderen Ele-

239 Vgl. Dunn 1994a.
240 Vgl. Peterson 1987.
241 Redbird 1980 und Adams 1975.

menten deutlich. Dabei kann demnach kein einheitlicher Ursprung der *Metis*-Nation ausgemacht werden. Sie definiert sich vielmehr über verschiedene Komponenten, variable Funktionen im Pelzhandel und diverse kulturelle Elemente, die im kollektiven Gedächtnis verschmelzen.

Marcel Giraud hat die Herausbildung einer spezifischen *Metis*-Lebensweise auf deren biologisch-kulturelle Voraussetzungen zurückgeführt. Er konstruierte aus Aspekten eurokanadischer und indigener Kulturen die Eigenheiten einer *Metis*-Identität und bettete sie in die Ereignisse und Umstände des nordamerikanischen Pelzhandels ein. Dem Pelzhandel wies er somit die Funktion zu, kulturelle Elemente aus den jeweils kontrastierenden Kulturen der Weißen und der Indigenen zusammengeführt zu haben. Diese unterschiedlichen Lebensweisen schienen demnach kulturell kompatibel genug zu sein, um aus zwei Elementen eine neue Identität hervorzubringen.[242] In den nördlichen Prärien lokalisierte Giraud somit die Herausbildung der *Metis*-Büffeljäger aus der *Red River*-Siedlung und aus dem Nordwesten bis einschließlich *Fort Edmonton*.[243] Die Schwierigkeiten einer *Metis*-Ursprungsdiskussion innerhalb der Forschung werden hier besonders anschaulich deutlich. So hinterlässt Girauds Ansatz den Eindruck, als seien all diejenigen *Metis*, die keine Präriejäger in *Red River* waren, lediglich Varianten dieser Hauptgruppe gewesen. Die Entstehung der *Hudson Bay English* – die englischen *Metis* der HBC – und der *Peace-Athabaska Iroquois* – die irokesischen *Metis* am Peace River in Athabasca – kann durch Girauds Herangehensweise wegen ihrer regionalen Konzentration nicht erklärt werden.[244]

---

242 Giraud 1945, S. 331-64, 867-80.

243 Ders., S. 501-12.

244 Ebd.

Die Historie wird "wirklich" in dem Maße sein, in dem sie das Diskontinuierliche in unser eigenes Sein einführen wird.[245]

Michel Foucault

4. Die politische Formierung der Metis zur Nation

Die politischen Komponenten eines Metis-Nationalismus: Der erste Kampf um das Territorium. The Battle of Seven Oaks von 1816

Die folgende Analyse der Komponenten eines *Metis*-Nationalismus dient nicht der Absicht, eine lineare und kontinuierliche Entwicklung einer politischen Bewusstseinsbildung nachzuzeichnen. Diese hat derart nicht stattgefunden, sondern war Diskontinuitäten unterworfen, die es zu markieren gilt. Da eine Entstehung nicht von ihrem Endpunkt her begriffen werden kann,[246] soll im folgenden keine Teleologie suggeriert werden. Vielmehr wird der Versuch einer „Geschichte der Brüche" unternommen.

Als eine der Grundvoraussetzungen für die Herausbildung eines politischen Nationalismus wird in der Regel ein umkämpftes Territorium angesehen.[247] Der Beginn des politischen *Metis*-Nationalismus wird dementsprechend auf die zweite Dekade des 19. Jahrhunderts datiert. Zu diesem Zeitpunkt verteidigten *Metis* ihr angestammtes Territorium in *Red River* unter der Führung Cuthbert Grants als *Captain General of all Halfbreeds in the Country* gegen den Versuch schottischer Siedler, dort mit Einwilligung der *Hudson's Bay Company* eine landwirtschaftliche Kolonie unter der Leitung von Lord Selkirk zu begründen. Dem Kampf von *Seven Oaks* im Jahr 1816 fielen schließlich ein *Metis* und 21 schottische Siedler zum Opfer. Diese Episode in der Geschichte der *Metis* weist neben der für solche Ereignisse im kollektiven Gedächtnis typischen nationalen Mythologie der Überhöhung nachweisbar nationalistische Symbolik auf. Diese äußert sich zum einen im militärischen Titel des auserkorenen Anführers. Zum anderen kommt sie in einer eigenen Flagge mit einer horizontalen Acht zum Ausdruck, die als Symbol der Unendlichkeit auf die indigene Herkunft der *Metis* anspielt.[248] Das Zusammengehen englischer und französischer *Metis* deutet hier auf einen gemeinsamen Erfahrungshintergrund hin, der sie in ihrem aktionspolitischen Programm zu einen schien. Von vielen *Metis* wurde und wird Cuthbert Grant als Personifizierung des *Metis*-Nationalismus zu Beginn des 19. Jahrhunderts angesehen. In dessen Reaktion auf eine äußere Gefahr habe er nicht nur eine systema-

245 Foucault 1996, S. 80.

246 Ders., S. 75.

247 Vgl. Kienetz 1988, S.12.

248 Vgl. Redbird 1980, S.13 und A. S. Morton: „The New Nation - the Metis", in: Lussier/Sealey 1978, Vol. I, (29-30), S. 27-37 (zit. A. S. Morton 1978).

tische und effektive Verteidigung organisiert, sondern zudem die Mobilisierung der *Metis* um das Konzept der *new nation* vollbracht.[249] Das Konzept einer *Metis*-Nation wird von *Metis*-Aktivisten jedoch zugleich ausgedehnt auf einen Zeitraum, der 200 Jahre vor das Ereignis von 1816 zurückreicht. Damit knüpft es an die nationalen Konzeptionen anderer indigener Völker wie der *Iroquois*, *Choctaw* und *Sioux* an.[250] Die Kriterien einer nationalen Formierung, wie sie in diesem Buch zugrunde gelegt werden, kommen jedoch erst ab Anfang des 19. Jahrhunderts mit der Ausbildung einer eigenständigen kulturell-politischen Identität in Koalition mit der Verteidigung eines angestammten Territoriums gegen äußere Feinde und der Ausbildung eigener Institutionen und Entscheidungsstrukturen zum Vorschein. Die Grundlage für die Ausformung einer Nation wurde somit erst mit dem *Battle of Seven Oaks* im Jahr 1816 gelegt. Es muss hingegen eingeräumt werden, dass sich diese Sichtweise auf den Nachweis schriftlicher Quellen stützt und die orale Überlieferung der *Metis* nicht zu berücksichtigen vermag, die ihre eigenen nationalen Traditionen schon weitaus früher lokalisiert.

Diese erste Manifestation eines *Metis*-Nationalismus wurde von *frontier*-Historikern wie George Stanley, A. S. Morton und Marcel Giraud dagegen als Folge der Agitation durch die *North West Company* dargestellt. Diese habe in der Siedlungsbewegung einen Versuch der *Hudson's Bay Company* vermutet, durch die Unterstützung einer Besiedlung auf der Handelsroute der NWC die Geschäftsbasis der letzteren zu beeinträchtigen. *Metis*-Nationalismus sei demnach ein künstliches Produkt der NWC gewesen, die die *Metis* für ihre eigenen Interessen instrumentalisiert habe.[251] Demnach hätten die *Metis* nach dem Zusammenschluss beider Pelzhandelsgesellschaften im Jahr 1821 und dem Ende der Konkurrenz zwischen ihnen auseinanderfallen müssen.[252] Statt dessen entwickelten sie jedoch eigene soziale und kulturelle Gefüge und eine gemeinsame Sprache, die ähnlich wie ihre übrige Kultur die Einflüsse aus einem indigenen, einem englisch-protestantischen und einem französisch-katholischen Erbe vereinte.[253] Die signifikanten Ereignisse in der Geschichte der *Metis*, durch die sie zu einer selbstbewussten Ethnie und Nation reiften, liegen zudem eher in der darauffolgenden Periode des mittleren und späten 19. Jahrhunderts.

---

[249] Redbird 1980, S. 12.

[250] Ebd.

[251] Giraud 1945, S. 588, 617. Zur Idee, dass *Metis*-Bewusstsein aus dem Konflikt zwischen HBC und NWC entstanden sei, siehe vor allem Stanley 1936, S. 11f sowie A. S. Morton: *A History of the Canadian West to 1870-71*, Toronto 1939 (zit. A. S. Morton 1939), ders. 1978 und Lussier/Sealey 1981, S. 38f.

[252] Vgl. hierzu die Argumentation Thomas Bergers, in: ders.: *Fragile Freedoms: Human Rights and Dissent in Canada*, Toronto 1981, S. 31.

[253] Vgl. hierzu Bakker 1992. *Michif* entstand demnach als Mischform von Cree und Französisch aus Cree-Verben und französischen Substantiven mit diversen weiteren Einflüssen.

Wir glauben, dass unsere Gegenwart auf tiefen Intentionen und stabilen Notwendigkeiten beruht; wir verlangen von den Historikern, uns in dieser Überzeugung zu bestärken. Aber der wahre historische Sinn weiß, dass wir ohne ursprüngliche Fixpunkte und Koordinaten von ungezählten Ereignissen leben.[254]

Michel Foucault

Freihandel und Sieg gegen die Sioux: Sayer-Prozess 1849 und the Battle of Grand Coteau 1851

Zwischen 1821 und der ersten *Riel Rebellion* von 1869/70 können zwei Ereignisse ausgemacht werden, die den *Metis*-Nationalismus entscheidend beflügelten: Dies war zum einen der Sayer-Prozeß von 1849, der das Handelsmonopol der HBC beendete und damit dem Freihandel der *Metis* den Weg bahnte. Die HBC hatte festgelegt, dass Pelze, die auf ihrem Territorium erlegt worden waren, nur an sie selbst verkauft werden durften. Dafür bedurfte sie wegen ihres unüberschaubaren und schwer kontrollierbaren Territoriums der Unterstützung der *Metis* selbst. Diese verweigerten mit zunehmend diktatorischer Manier der HBC jedoch die Gefolgschaft in dieser Frage. Zwei *Metis* verstießen zudem gegen die Bestimmungen der Pelzhandelsgesellschaft, indem sie Pelze aus dem Territorium herausschmuggelten. Während ihnen der Prozess gemacht wurde, umzingelten Hunderte von bewaffneten *Metis* das Gerichtsgebäude und forderten die Freilassung der beiden. Die Entscheidung des Richters, diese schließlich auf freien Fuß zu setzen, wird in der *Metis*-Literatur von einigen Autoren als der entscheidende Bruch der Monopolstellung der HBC markiert.[255] Diesen Erfolg hatten vor allem die französischen *Métis* in *Red River* erkämpft, da die englischen *Halfbreeds* vor einer Koalition mit ihnen zurückgeschreckt waren. Die Propaganda der anglikanischen Geistlichen, dass die französischen *Métis* die Personifizierung des "päpstlichen Anti-Christen" seien, hatte scheinbar ihre Wirksamkeit getan. Diese ethnische Spaltung habe gemäß einiger Autoren die Bewegung der *Metis* zwar schwächen, jedoch habe diese sich dennoch gegen die Autorität der HBC behaupten können.

1851 gelang den *Metis* schließlich im *Battle of Grand Coteau* ein entscheidender Sieg gegen die *Sioux*, der es ihnen ermöglichte, sich als "masters of the plains", die Herren der kanadischen Prärieregion, zu etablieren.[256] Seitdem argumentieren viele *Red River Metis*, einen entscheidenden Beitrag für die Sicherheit der Prärieregion geleistet und sich als *warden of the plains* (Aufseher der Prärien) in der Geschichte des ka-

[254] Foucault 1996, S. 81.

[255] Vgl. Redbird 1980, S. 13f.

[256] Vgl. in William L. Morton: *Manitoba: A History*, Toronto, 1957, S. 81-82.

nadischen Westens behauptet zu haben.[257] Zudem fällt in diese Periode der demographische Gipfelpunkt der *Metis*-Population in *Red River*. 1857 waren sechs von sieben der um die 7.000 Bewohner an den Red und Assiniboine Flüssen gemischt europäisch-indigener Herkunft.[258]

Die Rebellionen als Höhepunkte: Manitoba Insurrection 1869/70 und North West Rebellion 1885

Die Rebellionen der Jahre 1869/70 und 1885 bildeten die Höhepunkte in der nationalen Mythologie der *Metis*. In mündlicher Überlieferung wurden diese signifikanten Ereignisse in der Geschichte der *Metis* von ihnen zur Heldensaga einer unterlegenen Minderheit stilisiert, die sich gegen eine machtvolle Zentralregierung auflehnte. Dadurch erfüllen sie Kriterien einer nationalistischen Bewegung, die sich aus der Definition gegen einen übermächtigen Gegner und aus der daraus resultierenden anfänglichen Rechtlosigkeit speist. So werden dementsprechend die herausragenden Figuren dieses Selbstbehauptungskampfes wie der militärische Kopf der Bewegung, Gabriel Dumont, und der politische Anführer, Louis Riel, zu nationalen Helden überhöht, die ihre eigene Person vor den Zielen der *Metis*-Nation zurückstellten. Der Kampf gegen eine den Ansprüchen und Rechten der *Metis* gegenüber ignorante Zentralregierung geht dabei über eine kulturelle Selbstbehauptung hinaus. So implizierte er nicht allein die Verteidigung eines angestammten Territoriums, sondern ebenso die Gründung von provisorischen Regierungen, die für die gesamte *Red River*-Region und damit für das Territorium der späteren Provinz Manitoba antraten, um politische Ziele und Zukunftsvorstellungen zu formulieren.[259] Das Attribut "national" wurde dementsprechend für zahlreiche Organe dieser Regierungen verwandt wie z. B. das *National Committee,* der *Metis National Council* und die Zeitung *New Nation.*[260]
Die politische Dimension der Aufstände wird vor allem durch die Errichtung provisorischer Regierungen untermauert. In *Red River* ging diesen zunächst die Gründung des *Metis National Council* (MNC) voraus, der sich als Vertretung der englischen und französischen *Metis* der Region bildete, um deren Interessen gegen die Regierung in Ottawa zu formulieren. Diese hatte 1869 Vertreter nach *Red River* geschickt, um den anvisierten Transfer des Gebietes nach dem Verkauf durch die *Hudson's Bay Company* an den kanadischen Staat im Jahr 1868 durchzuführen. Die *Metis*, die darin die Gefahr des Verlustes ihres angestammten Territoriums sahen, forderten unter der Führung Louis Riels für alle Siedler des *Red River*-Gebietes (inklusive der dort siedelnden Weißen) eine Gleichstellung der französischen und englischen Sprachen,

[257] Daniels 1979, S. 13.
[258] Die erste Bundesvolkszählung von 1871 ergab schließlich für die auf diesem Gebiet neu gegründete Provinz Manitoba, dass von 12.000 Anwohnern 5.720 französische Métis, 4.080 englische Halfbreeds, etwa 600 weitere Indigene und 1.600 Weiße waren. Manitoba war zu dem Zeitpunkt seiner Gründung demnach eine mehrheitlich von *Metis* bewohnte Provinz. Vgl. Stanley 1978, S. 75 und Redbird 1980, S. 15.
[259] Vgl. die Metis *List of Rights*, in: Daniels 1979, S. 21-23.
[260] Kienetz 1988.

Repräsentation im Bundesparlament und eine gewählte Regierung für die *Red River*-Region. Am 25. Januar 1870 folgte die Errichtung einer provisorischen Regierung unter der Bezeichnung *National Council of the Red River Metis* als Vertretung der englischen und französischen *Metis* der Region.

> "C'est vrai que notre origine sauvage est humble, mais il est juste que nous honorions nos mères aussi bien que nos pères. Pourquoi nous occuperions-nous à quel degré de mélange nous possédons le sang européen et le sang indien? Pour peu que nous ayons de l'un ou de l'autre, la reconnaissance et l'amour filiale, ne nous font-ils pas une loi de dire: Nous sommes Métis."[261]
>
> Louis Riel

Louis Riel – Begründer des politischen Metis-Nationalismus

Mit diesen Worten begründete der nationale Anführer der *Red River Metis*, Louis Riel, den ambivalenten Charakter seines Volkes, indem er auf den Respekt für beide Ursprungskulturen der Indigenen und Europäer hinwies. Gleichzeitig versäumte er es nicht, darauf hinzuweisen, dass die Proportionen der Mischung hierbei keine Rolle spielten. In der Begründung des politischen *Metis*-Nationalismus kommt Louis Riel eine herausragende Bedeutung zu. So wird die erste öffentlich gedruckte und dadurch verbreitete Verwendung des Begriffs "Metis" in nationaler Absicht auf ihn zurückgeführt. Riel hatte in einem Artikel, der kurz nach seinem Tod im Jahr 1885 in der Zeitung *Globe and Mail* veröffentlicht wurde, über die Metis geschrieben.[262] Durch Riels Versuche, mittels zweier Rebellionen *Metis*-Selbstverwaltung zu festigen und durch Verhandlungen mit der kanadischen Zentralregierung eine Heimstätte für die *Metis* zu erkämpfen, kommt ihm die Rolle eines nationalen Anführers zu. Dabei ging es ihm hauptsächlich um eine Form der Selbstverwaltung, die innerhalb der kanadischen Konföderation eingebettet sein sollte.[263] Seine politischen Ideen bildeten auch nach seinem Tod stets den nationalen Referenzpunkt sämtlicher föderaler und nationaler *Metis*-Organisationen, die in ihm den Repräsentanten des Kampfes der *Metis* um Selbstbehauptung gegen einen mächtigen staatlichen Gegner und um Anerkennung als eigenständige Gruppe sehen. So identifizieren sich auch zahlreiche *Metis* selbst

---

[261] Vgl. Ouimet: "Le Dernier Mémoire de Louis Riel", in: ders., *La Vérité sur la Question Métisse au Nord-Ouest*, S. 78, zit. nach Stanley 1936, S. 10.

[262] Vgl. Redbird 1980, S. 1.

[263] Thomas Flanagan: "The Political Thought of Louis Riel", in: Lussier 1979 (111-127), S. 121. (zit. Flanagan 1979).

sehr stark über die Figur Riels mit ihrem *Metis*-Erbe.[264] Die Bedeutung der Person Louis Riels für die Identifikation der *Metis* als Nation auch aus der Fremdwahrnehmung verdeutlicht das folgende Zitat des kanadischen Premierministers John A. Macdonald über die *Metis* kurz nach der Hinrichtung Riels am 16. November 1885: "*If they are Indians they go with the tribe; if they are half-breeds they are whites*."[265] Dieser simplen wie ignoranten Kategorisierung ging es nach dem Tod Riels um die Auflösung einer *Metis*-Nation, die durch den Wegfall ihres nationalen Anführers in der Außenwahrnehmung ihrer Grundlage und Gallionsfigur enthoben zu sein schien. Dass dies ein Trugschluss war, zeigte sich in den darauffolgenden Reaktionen der *Metis* auf die Missachtung ihrer Rechte durch die kanadischen Regierungen. Riels Beispiel gab dabei zumeist das Vorbild für weitere Organisation und Mobilisierung der *Metis* ab. So gründeten Mitstreiter Riels 1909 die *Union Nationale Métisse St. Joseph de Manitoba*, der es vornehmlich um die Aufzeichnung der Geschichte der *Red River Metis* aus ihrer eigenen Perspektive ging. In den 1920er Jahren folgten Gerichtsklagen von *Metis* aus Manitoba gegen den kanadischen Staat wegen Korruptionsvorwürfen in der Abwicklung des *scrip*-Verfahrens. 1932 erfolgte die Gründung der *Alberta Métis Association* und 1938 der *Saskatchewan Metis Society,* denen weitere Organisationen auf lokaler und föderaler Ebene folgten.[266] Diese Aktivitäten stehen unverkennbar in einer Traditionslinie zu den Ideen Louis Riels, der den Grundstein eines politischen Nationalismus gelegt hatte. Dieser kristallisierte sich in der Konfrontation mit dem kanadischen Staat heraus und ist daher als nationalistische Bewegung einzustufen, der es über die Konfrontationsebene hin zu einer Kooperationsbasis um die Erlangung spezifischer *Metis*-Ziele ging.

In der Periode zwischen den beiden *Metis*-Rebellionen sind dabei Verschiebungen in den Zielvorstellungen Louis Riels hinsichtlich des nationalen Kampfes der *Metis* festzustellen. Zunächst ist eine Zentrierung auf die französischen *Métis* auszumachen, die vermutlich auf Riels eigenen französisch-katholischen Familienhintergrund zurückzuführen ist. Zu einem frühen Zeitpunkt begreift er die französischen *Métis* als Teil einer umfassenden französisch-kanadischen Nation.[267] Die Motivation für die Betonung des französischen Elementes, das er im oben genannten Zitat vermeidet, rührt vermutlich aus dem Wunsch her, sich durch eine eigenständige Identität von den diversen anderen *Metis*-Populationen und Gruppen zu unterscheiden.[268] Später hingegen akzentuiert er vorwiegend das indigene Erbe der *Metis.*[269] Nach dem ersten *Metis*-Aufstand von 1869 und noch vor dem zweiten von 1885 propagiert er schließlich während seines Exils in den USA in den Jahren 1878 bis 1884 die Notwendigkeit einer römisch-katholischen Immigration in den Nordwesten Kanadas, um die dort

---

[264] Siehe die Autobiographien von Adams 1975, Campbell 1983 und die Arbeit von Andersons 1985.
[265] Zit. nach *Canadian Encyclopedia* 1985, S. 1126.
[266] Vgl. Krosenbrink-Gelissen 1989, S. 36f.
[267] Flanagan 1979, 116-117.
[268] Vgl. Robert Gosman: *The Riel and Lagimodière Families in Métis Society, 1840-1860*, Ottawa 1977, S. 1-3.
[269] Flanagan 1979, S. 117, 119 und 121-125.

lebenden indigenen Völker endgültig zu "metisieren".[270] Riel schweben als Teil dieser pankatholischen Bewegung dabei vor allem die mehrheitlich streng katholischen Italiener, Iren, Bayern und Polen vor.[271] Diese anvisierte künstliche Metisierung mit dem Instrument des katholischen Glaubens hatte zum Ziel, die *Metis*-Nation durch den Einfluss weiterer europäischer Völker auf dem nordamerikanischen Kontinent auszudehnen und erstarken zu lassen. Gleichzeitig erscheint sie als ein Mittel der Missionierung der verbleibenden indigenen Völker. Aus dieser Vorstellung spricht Riels Glaube an eine Überlegenheit und höhere Lebensweise der *Metis* gegenüber den Indianern, die er aus ihrem zusätzlichen europäischen Erbe konstruiert und am katholischen Glauben festmacht. Zum anderen verfolgte Riel die Idee eines Reservats für die amerikanischen *Metis* in Montana, und setzte sich dafür beim damaligen US-amerikanischen Präsidenten Grover Cleveland ein.[272] Zuletzt versuchte er, die *Fenians* aus New York und die westlichen *Plains Indians* für eine Invasion Kanadas zu gewinnen.[273] Ähnlich inkonsistente Ideen hatte Riel auch nach seiner Rückkehr aus dem Exil im Jahr 1884, als er bemüht war die Landforderungen weißer Siedler und englischsprachiger *Metis* in Prince Albert in einer westlichen Protestbewegung zu vereinigen.[274] Gemeinsam mit dem Anführer der dortigen unzufriedenen weißen Siedler, Jackson, drohte Riel mit einer Sezession von der kanadischen Konföderation, falls die Landforderungen von der Zentralregierung nicht erfüllt werden würden. Riels Inkonsistenz in der Formulierung seiner Vorstellung einer *Metis*-Nation wird auch in seinen religiösen und spirituellen Äußerungen deutlich, die in seinen Tagebüchern zu finden sind. Dort begreift er sich als Prophet, der die Führung einer *Metis*-Nation als missionarisches Vorhaben ansieht. In Gebeten beschwört er folglich unaufhörlich den Erfolg seiner Bemühungen. Die Formulierung seiner Ziele ist dabei ständiger Modifikation unterworfen und bietet ein zuweilen eher verworrenes Bild des *Metis*-Anführers.[275]

Das Verständnis des Metis-Nationalismus in der Forschung: Die Metis-Nation im Spiegel der Wissenschaft

Um den Ursprungsmythos der *Metis* ranken verschiedene wissenschaftliche Erklärungsansätze, die zum einen den nationalen Charakter der *Metis*-Gemeinschaften zu

270 Ders., S. 118, 120 und 122.

271 Ebd., S. 120. Vgl. Thomas Flanagan (ed.): *Louis Riel. The Diaries of Louis Riel*, Edmonton 1976: "*Sacred Heart of Jesus! Obtain fur us grace to attract the good men to ourselves. Inspire us, so that the religious Irish, the pious Bavarians, the faithful Poles, the wise Italians, the sincere Belgians, the intelligent Canadiens, the intrepid and good French and the hard working and docile Scandinavians be the only ones whose enthusiasm for my plans lead them to leave the United States and come join us in Manitoba and in the enormous expanse of the North West.*", S. 52 (zit. Riel 1976).

272 Flanagan 1979, S. 113 und 123.

273 Ebd., S. 113 und 122.

274 Flanagan: *Riel and the Rebellion: 1885 Reconsidered*, Saskatoon, 1983, S. 86-97. Vgl. auch Adams 1975, S. 76-88. (zit. Flanagan 1983).

275 Vgl. Riel 1976.

dekonstruieren bemüht sind, zum anderen aber Argumente für die Gültigkeit des Konzeptes einer *Metis*-Nation anführen. Für die Gültigkeit des *Metis*-Nationalismus werden in der Regel spezifische kulturelle und ökonomische Eigenschaftsmerkmale, Faktoren des Gemeinschaftsgefühls oder Abgrenzungsbedürfnisse gegen einen feindlichen, von englischsprachigen Kanadiern dominierten (hier vor allem für die französischen *Métis*) und gelenkten Machtapparat betont.[276] Dabei werden die Faktoren für die Herausbildung der *Metis* zumeist jedoch einseitig akzentuiert. Darunter bildet der Faktor der Konkurrenz zweier Pelzhandelsgesellschaften und damit zusammenhängend das Gemeinschaftsgefühl der *Metis* aufgrund ihrer ökonomischen Funktion im Pelzhandel in ihrer zentralen Heimstätte *Red River* den häufigsten Erklärungsansatz.[277] Diese in der Tradition Stanleys und Girauds auch von Morton vertretene Sichtweise stellt die Konkurrenz im Pelzhandel als entscheidenden Faktor für die Herausbildung der *Metis* dar. So stellt Morton zu Beginn seiner Ausführungen über die *new nation* zunächst diese Konkurrenz eingehend dar, um erst daraufhin zur Herausbildung der *Metis* überzuleiten.[278] Die territorialen Forderungen der *Metis* gegenüber den weißen Siedlern werden in dieser Sichtweise hauptsächlich auf die Agitation der *North West Company* zurückgeführt. Dieser Interpretation liegt vor allem George Stanleys[279] und Marcel Girauds[280] Erklärung für die Entstehung eines *Metis*-Bewusstseins zugrunde. Die Konstruktion eines politischen *Metis*-Nationalismus aus einseitigen wirtschaftsfunktionalen Aspekten erscheint jedoch angesichts politischer Selbstbehauptungsbemühungen von Seiten der *Metis* fragwürdig.[281] Jacqueline Petersons Argumentation, dass die Zugehörigkeit zahlreicher Mitglieder der ersten *Metis*-Bewegung im Jahr 1816 zur *North West Company* nicht notwendig nachweise, dass *Metis*-Nationalismus eine Erfindung der NWC gewesen sei, bildet dagegen ein notwendiges Korrektiv.[282] Trotzdem stellen die Darstellungen Girauds als auch Stanleys wegen ihres reichen, wenn auch zeitlich begrenzten Quellenmaterials zunächst den Ausgangspunkt für weitere Forschungen über den *Metis*-Nationalismus dar.

Andere ökonomisch ausgerichtete Analysen wie die Nicole St. Onges über die *Métis* in *Pointe-à-la-Grouette* hingegen verwerfen die monokausale Argumentation von den Pelzhandelsgesellschaften als entscheidendem Faktor für die Herausbildung eines nationalen Charakters und vertreten den Gedanken der ökonomischen Funktionalisierung der *Métis*-Jäger als "Volksklasse" (*people-class*).[283] Gerhard Ens hingegen ist bemüht, das nationale Verständnis von *Metis*-Gemeinschaften zu dekonstruieren. Er formuliert die These, dass *Metis* als aktive Gestalter ihrer eigenen Geschichte eine

---

276 Dickason 1987 und Jonasson 1934.

277 Vgl. z. B. Giraud 1945 und Stanley 1936. Diese traditionelle Auffassung versucht Duke Redbird (1980) durch die *Metis*-Sicht des historischen Verlaufs zu widerlegen.

278 A. S. Morton 1978, S. 27-29.

279 Stanley 1936, S. 11,12.

280 Giraud 1945, S. 588, 617.

281 Vgl. die Positionen in Darstellungen von zahlreichen *Metis*-Organisationen.

282 Peterson 1987, S. 38.

283 St. Onge 1985, S. 149-172.

einzigartige ökonomisch-soziale Nische im Pelzhandel Kanadas erobern konnten, durch die sie ihre ethnische Identität nachhaltig festschrieben. Nationale Konstruktionen werden hier jedoch nicht bemüht bzw. als das Produkt der nationalistischen Propaganda von *Metis*-Anführern und ihren Anhängern verworfen.[284] Frits Pannekoeks Studie über den Riel-Aufstand von 1869-70 betont dagegen die ethnischen Differenzen zwischen englischen und französischen *Metis*, um nachzuweisen, dass die *Metis*-Aufstände eher das Produkt ethnischer Spannungen innerhalb des *Red River*-Gebiets selbst als der Bedrohung durch weiße Siedler gewesen seien. Die Bewegung des *Metis*-Nationalismus erscheint hier stärker in sich gespalten als es das Bild eines kohärenten *Metis*-Nationalismus unter der charismatischen Führung Louis Riels suggerieren mag.[285]
Ältere Darstellungen begreifen die *Metis* unter dem Einfluss der *frontier*-These Frederick Jackson Turners als passive Opfer auf dem Weg zu einer europäischen Zivilisation. Vertreter dieser Tradition sind wiederum vor allem Marcel Giraud und George Stanley. Giraud geht zunächst von einem biologischen Ursprung der *Metis* aus.[286] Indem er sich in seiner Studie jedoch auf die *Metis*-Gemeinschaften des Westens in Kanada konzentriert und dabei solche *Metis*, die bei Indigenen oder Europäern aufwuchsen oder in anderen Teilen Kanadas lebten, außer Acht lässt, verschiebt sich sein Blickwinkel von der anfänglichen biologischen "Rassenmischung", wie er sie selbst nennt, schließlich auf die historische und kulturelle Entwicklung einer spezifischen Lebensweise. Die biologistische Definition der *Metis* behält er jedoch entsprechend der vorherrschenden „wissenschaftlichen" Auffassung seiner Zeit stets bei. Im Kontext der *frontier*-These Turners begreift Giraud die *Metis* als Verkörperung der Zivilisationsgrenze, die den Übergang von einer primitiven zu einer zivilisierten Lebensweise symbolisieren.[287] George Stanley hingegen wird von vielen anderen Autoren zugute gehalten, als erster Anglokanadier die Geschichte der *Metis* aus dem Rahmen der herkömmlichen anglo-kanadischen Historiographie gelöst zu haben, um sie weitgehend ungeachtet des traditionellen britisch-französischen Antagonismus in Kanada betrachten zu können. Sein Narrativ bettet er teleologisch in den Kontext der Eroberung des Westens ein und begreift die Lebensweise der *Metis* als eine überholte und minderwertige Existenzform, die notwendigerweise dem Fortschritt der Zivilisation zum Opfer fallen musste.[288] Dabei konstruiert er ihren nationalen Charakter vor allem aus ihrer Zugehörigkeit zur Pelzhandelsgesellschaft *North West Company*, der er die alleinige Verantwortung für den ersten *Metis*-Aufstand von 1816 zuschreibt.[289] Beide Autoren, sowohl Stanley als auch Giraud, konzentrieren sich in ihren Argumentationen auf die *Red River Metis*, da das *Red River*-Gebiet als nationale Heim-

---

[284] Ens 1996.
[285] Frits Pannekoek: *The Social Origins of the Riel Resistance 1869-70*, Winnipeg 1991 (zit. Pannekoek 1991).
[286] Giraud 1945, S. v-vi.
[287] Ebd.
[288] Vgl. Stanley, S. xxv-xxvii.
[289] Giraud 1945, S. 588, 617. Vgl. auch A. S. Morton 1939 und Stanley, 1936.

stätte der *Metis* angesehen wird. Dabei bleiben weitere *Metis*-Populationen weitestgehend außer Acht.
Die *Metis*-Autorin Olive Dickason dagegen äußert die Vermutung, dass es schon vor den *Red River Metis* des 19. Jahrhunderts zu einem Versuch gekommen sei, eine *Metis*-Nation zu schaffen. Die *Metis* des *Ohio Valley* am Schnittpunkt zwischen den USA und Kanada seien demnach auf dem Weg der Formierung einer neuen Nation gewesen, wäre ihnen nicht die Gründung der USA im Jahr 1783 dazwischen gekommen. Die darauffolgende europäische Einwanderung zerstörte demnach ihre Gemeinschaften.[290] Jacqueline Peterson und Jennifer Brown[291] vertreten hingegen die Auffassung, dass häufige Heirat zwischen Indigenen und Europäern zu einem frühen Zeitpunkt nicht zur Herausbildung separater, identifizierbarer *Metis*-Gemeinschaften geführt habe. Als Argument führen sie den Hinweis an, dass viele Kinder gemischter Herkunft bei dem Stamm der Mutter großgezogen wurden und dadurch einen indigenen Lebensstil übernahmen. Dagegen seien andere Kinder wiederum in europäische oder amerikanische Metropolen geschickt worden, um europäische Bildung zu genießen. In der Herausbildung von eigenständigen *Metis*-Gemeinschaften sehen sie eher die Ausnahme bzw. eine besondere Erscheinung, die von spezifischen sozioökonomischen Bedingungen hervorgerufen wurde, wie sie beispielsweise in *Red River* im 19. Jahrhundert in Erscheinung traten.[292]
So wird in der Regel der Nationsursprung von den Verfechtern einer *Metis*-Nation übereinstimmend im *Far Northwest,* den späteren kanadischen Prärieprovinzen Manitoba, Saskatchewan und Alberta, lokalisiert: Abschottung von anderen Siedlungen, die fortwährende Bedeutung des Pelzhandels und die zunehmende Wichtigkeit der Büffeljagd werden als Komponenten dieses nationalen Gemeinschaftsgefühls angeführt. Hier, fern von zentralen Autoritäten, habe sich der selbstverwaltende, seminomadische Lebensstil der *Metis*-Gemeinschaften entwickelt, die mobil wurden, wenn es um Jagd, Handel und Trappen ging und sesshaft blieben, wenn zusätzliche Subsistenzwirtschaft praktisch erschien.[293] Der *Red River*-Region an der Gabelung der Red und Assiniboine-Flüsse am heutigen Winnipeg wird dabei die zentrale Rolle zugewiesen. Aufgrund der frühzeitigen Siedlung durch englische und französische *Metis* hätte sich daraus eine Differenz zu den übrigen nomadischen *Metis* herausgebildet. Während die vorwiegend sesshaften *Red River Metis* dabei der ständigen Gefahr einer Assimilierung durch die dominanter werdende Kultur weißer Siedler ausgesetzt gewesen seien, hätten die rein nomadischen *Metis* an ihrer traditionellen Lebensweise als Merkmal ihrer Identität festgehalten – eine Differenz, die auch für die Aufstände von 1869 und 1885 beschrieben wird.[294]

[290] Dickason 1998, S. 5.
[291] Peterson/Brown 1987.
[292] Peterson/Brown 1987.
[293] Dickason 1998.
[294] Peterson/Brown 1987.

Die Einwände gegen den Metis-Nationalismus in der Forschung und aus der Fremdperspektive: die Heterogenität der Metis

Die Identifizierung der *Metis* als einer einheitlichen nationalistischen Bewegung wie auch einer homogenen und eindeutig identifizierbaren Gruppe wird aus der Fremdperspektive häufig aufgrund deren heterogener ethnischer Zusammensetzung in Frage gestellt. Zum einen werden dabei die Differenzen zwischen englischsprachigen und französischsprachigen *Metis* in frühen Darstellungen durch Beschreibungen ihrer unterschiedlichen Mentalitäten festgeschrieben,[295] zum anderen wird diese Zweiteilung durch sich voneinander unterscheidende Zielsetzungen beider Gruppen begründet.[296] Für den Nachweis der Spaltung zwischen englischen und französischen *Metis* werden in der Forschung vor allem die unterschiedlichen Haltungen beider Gruppen in der Frage der kanadischen Expansion in den 1860ern als auch der Dissens innerhalb der provisorischen *Metis*-Regierung in Red River vor dem ersten *Metis*-Aufstand von 1869 angeführt. Darüber hinaus wird auf Riels französisch-katholischen Hintergrund hingewiesen, sowie auf diverse *Metis*-Populationen außerhalb der *Red River*-Region, um Argumente gegen die Vorstellung der Existenz einer konsistenten *Metis*-Nationalität fortzuführen.

Der entscheidende Einwand, der vor allem von Frits Pannekoek vertreten wird, bezieht sich auf die Spaltung zwischen englischsprachigen *Halfbreeds* und französischsprachigen *Métis* in *Red River*.[297] Zur Zeit der *Manitoba Insurrection* von 1869 seien demnach beide Seiten vielmehr Gegner als Koalitionspartner gewesen. Diese Spaltung wird vor allem auf die Agitation der anglikanischen Geistlichen zurückgeführt, deren langfristiges Ziel der Schaffung eines *Little Britain in the wilderness* mit einer *Halfbreed*-Bevölkerung nicht kompatibel zu sein schien. Die Zielvorstellung eines *Little Britain* ging von der Überlegenheit der Briten gegenüber den *Halfbreeds* und Indigenen aus. Sie förderte somit rassistische Spannungen innerhalb *Red Rivers*, die in vehementer Statuskonkurrenz zwischen den einzelnen Bevölkerungsgruppen resultierten. Im Kampf gegen die Monopolstellung der *Hudson's Bay Company* sei es demnach zu einer Spaltung zwischen *Métis* und *Halfbreeds* gekommen, da letztere von den anglikanischen Geistlichen nicht unterstützt wurden und nicht mit den *Métis* koalieren wollten. Dies habe seinen Grund in der Propaganda der örtlichen anglikanischen Kirche gehabt, die erfolgreich das Feindbild des "päpstlichen Anti-Christen" auf die französischen *Métis* projiziert habe. Dies habe dazu geführt, dass es nicht zum gemeinsamen Kampf aller indigen-europäischen Bewohner *Red Rivers* gegen das HBC-Monopol gekommen sei.[298] Dieser sei vielmehr von den französischsprachigen *Métis* angeführt worden. In den 1860er Jahren bildete sich schließlich eine politische Führung der *Halfbreeds* unter Corbett aus, der sie gegen die HBC, die katholische Kirche und ihre eigene Geistlichkeit aufzubringen bemüht war. Diese Strategie habe

[295] Vgl. vor allem Stanley 1936, S. 6-10 und Giraud 1945.
[296] Vgl. vor allem Pannekoek 1991.
[297] Ebd.
[298] Pannekoek, 1991, S. 97-117, S. 209.

in einer Vertiefung der Spaltung zwischen *Métis* und *Halfbreeds* und zu der Vorstellung der letzteren geführt, dass ihre Zukunft an dem mehrheitlich protestantischen Britischen Imperium hinge.[299] In ihrer Identifizierung mit der protestantischen britischen Macht sei für die *Halfbreeds* die Verteidigung der eigenen Religion und Kultur weitaus weniger dringlich gewesen als für die französischsprachigen, katholischen *Métis*, die mit einer gegnerischen englischsprachigen Zentralmacht konfrontiert gewesen seien.[300] Dieser Dissens sei schließlich in zwei Versuchen der *Halfbreeds* kulminiert Louis Riel zu stürzen. Ihr Misslingen führt Pannekoek vor allem auf die unstabile Führung des kanadischen Staates zu diesem Zeitpunkt zurück und argumentiert, dass eine geschlossenere und starke Führung desselben in einen offenen Bürgerkrieg beträchtlichen Ausmaßes in *Red River* hätte resultieren können.[301] Der Dissens zwischen *Métis* und *Halfbreeds* vor dem *Red River*-Aufstand von 1869/70 wird von Pannekoek plausibel nachgewiesen. Seine Ausführungen beschränken sich dabei jedoch einseitig auf die Kategorie der konfessionellen Zugehörigkeit beider Gruppen. Diese Argumentation kann zunächst durch die Tatsache modifiziert werden, dass Riel sich nicht allein als Vertreter der französischsprachigen *Métis* verstand, zumindest nicht die ganze Zeit seines Wirkens hindurch. Obwohl es diese gewesen waren, die ihn hauptsächlich unterstützten, waren in der provisorischen Regierung am *Red River* anglophone *Metis* zu gleichen Teilen vertreten wie frankophone *Métis*. Durch die Gewährung voller Parität und Repräsentation war Riels Regierung demnach keine private und sektiererische, sondern eine öffentliche provisorische Regierung für das gesamte *Red River*-Territorium, das er schließlich erfolgreich als Provinz Manitoba in die Kanadische Konföderation führen konnte.[302] Dass es indes zum Dissens über die verfolgten Ziele kam, kann innerhalb einer nationalistischen Bewegung, die sich aus katholischen und protestantischen Komponenten zusammensetzte, kaum verwundern. Auch nach 1869/70 war Riel immer wieder darum bemüht, aus taktischen Erwägungen die englischen *Halfbreeds* stets in seine Pläne mit einzubeziehen, vermutlich um die *Metis*-Bewegung nicht unnötig zu schwächen.[303] Dass es an der Basis jedoch zu Abspaltungen und Widerstand kam, widerspricht nicht notwendigerweise dem Konzept einer *Metis*-Nation, die sich stärker über ihre Vielheit definiert als durch eine konsistente ethnische Zusammensetzung oder politische Zielsetzungen.

Die ökonomische Funktion der Metis im Pelzhandel

Zahlreiche Autoren haben auf die zentrale Bedeutung der ökonomischen Funktion der *Metis* im Pelzhandel hingewiesen. Dadurch wurde ihre Identität zum einen verkürzt über die Zugehörigkeit zu einer der Pelzhandelsgesellschaften konstruiert, zum anderen aber auch versucht ihren Entstehungshintergrund zu beleuchten. John Foster

299 Ders., S. 143-171, 210.
300 Ders., S. 210, 211.
301 Ders., S. 213.
302 Stanley 1936, S. 71-74.
303 Vgl. vor allem Riels Politik in der Errichtung der provisorischen Regierung von 1869/70.

hat darauf hingewiesen, dass die *Metis* unter den indigenen Völkern dadurch als einzigartig bezeichnet werden können, dass ihre Existenz nicht dem Aufkommen des Pelzhandels vorausging. So seien dem Pelzhandel nicht allein formative Einflüsse für die Entstehung der *Metis* zuzuschreiben, sondern ihre Ursprünge schlechthin müssten in diesem Kontext lokalisiert werden.[304] Jacqueline Peterson hat diese These zu der Annahme fortgeführt, dass die *Metis* mit dem Verlust ihrer Funktion im Pelzhandel und in der Büffeljagd ihre Existenz einbüßten, heute also nicht mehr existieren.[305]
In der ökonomischen Argumentation für die Entstehung der *Metis* ist innerhalb der Forschung eine Fortentwicklung festzustellen, die nicht mehr einseitig von der Zugehörigkeit zu einer der Pelzhandelgesellschaften ausgeht, sondern weiterreichende Konzepte und ökonomische Erklärungsmodelle für die Entwicklung der *Metis* zu einer flexiblen Ethnie heranzieht. Im Vordergrund steht dabei die wirtschaftliche Anpassungsfähigkeit der *Metis* an veränderte Lebens- und Arbeitsbedingungen. Nationale Faktoren für ihr Überleben als Ethnie in einem sich stark wandelnden sozioökonomischen Umfeld werden dabei durch die ökonomische Argumentation absorbiert. Sie erscheinen als propagandistische Versuche, die *Metis* unter einem nationalen Banner zu vereinigen. Dieser vor allem von Gerhard Ens vertretenen Argumentation kommt dabei jedoch das Verdienst zu, die *Metis* als Gestalter ihrer eigenen Geschichte dargestellt zu haben, um sie dadurch aus dem Rahmen einer traditionellen Geschichtsschreibung, die sie in der Vergangenheit als passive Opfer auf dem Weg zur Zivilisation begreifen wollte, zu lösen. Dadurch gelingt Ens die Darstellung einer ethnischen Gruppe im Kontrast zu früheren Ansätzen, die auf der Stufe der Darstellung einer statischen ethnischen Kategorie stehen geblieben waren. Ens konzentriert sich in seiner Studie dabei jedoch ähnlich wie die älteren Ansätze nur auf die *Red River Metis*. Statt biologischer, religiöser oder blutsfixierter Konstruktionen betont Ens die ökonomisch-soziale Nische und damit eine unabdingbare Funktion und Rolle, die sich die *Red River Metis* innerhalb des Pelzhandels in der Wirtschaft Kanadas erobert hatten. Die *Red River*-Region sei nur deshalb zu einem *homeland* (Heimat) der *Metis* geworden, da sie dort für einen langen Zeitraum dieser Aufgabe, die zum Inbegriff ihrer Identität wurde, sicher sein konnten. Der *Red River* habe demnach diese Funktion zu dem Zeitpunkt verloren, als die *Metis* durch die veränderten Bedingungen des Büffel- und Pelzhandels und die damit einhergehenden einschneidenden Umstellungen keine adäquaten Jagd-, Transport- und Handelsmöglichkeiten mehr vorfanden. So interpretiert Ens den ersten Riel-Aufstand von 1869-70 als den Versuch, eine *Metis*-Identität auf politischem und verfassungsrechtlichem Weg zu manifestieren, nachdem ihre sozialen und ökonomischen Pfeiler erschüttert worden waren.[306] Die *Metis* seien durch das Eindringen konkurrierender Märkte in die *Red River*-Region endgültig ins industriekapitalistische System des Welthandels integriert worden. Mit dem Konzept der *Proto-Industrialisierung* versucht der Autor nachzuweisen, dass den *Metis* in den 1840ern der Übergang von einer vorkapitalistischen

304 Foster 1989, S. 73.
305 Peterson 1987.
306 Ens 1996, S. 4.

Subsistenzwirtschaft zu einer kapitalistischen Marktwirtschaft gelungen sei.[307] Mit Hilfe des Konzepts der *Proto-Industrialisierung*[308] zeigt Ens gleichsam die Anpassung der *Metis* an die veränderten ökonomischen Bedingungen und Kräfte auf, und weist damit – entgegen älteren Vorstellungen von der Rückständigkeit der *Metis* – gleichsam deren Flexibilität nach. In der *Red River*-Region habe, so Ens, diese Form der Heimindustrie durch das Aufbrechen des HBC-Monopols dazu geführt, dass neue Büffelpelzmärkte mit verstärkter Beteiligung von *Metis*-Händlern erschlossen wurden. Die Konkurrenz auf diesen Märkten habe immer mehr *Metis*-Familien aus der *Red River*-Region in umliegende und entferntere Gebiete gezogen. Durch diese Zerstreuung der *Metis*-Händler infolge der Industrialisierung seien nicht nur ethnische Grenzen schwerer definierbar geworden, sondern das traditionell als Heimatland der *Metis* angesehene *Red River*-Gebiet habe seine nationale Funktion entgegen den nationalistischen Bemühungen Riels und seiner Anhänger verloren.[309] Den Ursprungsmythos der *Metis*-Nation versucht Ens durch den Hinweis auf die Heterogenität der *Metis* zu dekonstruieren. Die diversen interkulturellen Kontakte und Verflechtungen nimmt Ens zum Anlass gegen das Konzept einer *Metis*-Nation zu argumentieren. Dabei macht er mindestens drei europäische kulturelle Vorläufer aus: die Franzosen als frühe Pelzhändler, die vom Handelsstützpunkt am *St. Lawrence River* nach *Red River* gezogen waren; die schottischen *Highlander*, die nach dem Sieg der Engländer 1763 den Pelzhandel übernahmen und die *Northwest Company* gründeten, und die englischen Angestellten der *Hudson's Bay Company*, die später jedoch verstärkt mit *Lowlanders* und *Orkney*-Schotten arbeitete. Die variablen Beziehungen zwischen den Händlern dieser drei Stützpunkte, deren indigenen Ehefrauen und Kindern habe dazu geführt, dass die *Metis*-Gemeinschaften am *Red River* unterschiedliche ethnische und kulturelle Herkunft aufwiesen.[310]

Ens vernachlässigt in seiner vornehmlich ökonomisch ausgerichteten Analyse, dass *Metis*-Anführer wie Louis Riel als charismatische Anführer einer Bewegung eine negative Stimmung, auch wenn diese ökonomisch bedingt gewesen sein mag, auffingen, die mit der Übergabe von Ländereien im Gebiet der *Hudson's Bay Company* an Siedler aus Ontario und dadurch bedingt einer Zurückdrängung der *Metis* aus ihrem Stammgebiet ihren Anfang nahm. Nationalistische Propaganda von Seiten Riels und seiner Anhänger hätte schwerlich auf fruchtbaren Boden fallen und zu zwei Aufständen in Folge führen können, hätte nicht zuvor eine rudimentäre Form von Gemeinschaftsgefühl, die die *Metis* in ihrer Unzufriedenheit aufgrund der Fremdbestimmung und Arroganz östlicher Siedler und der kanadischen Zentralregierung in

[307] Ders., S. 5.

[308] Die *Proto-Industrialisierung* in Europa setzte als das Ergebnis destabilisierter und auseinander gefallener Agrargesellschaften ein und markierte damit den Übergang zur eigentlichen Industrialisierung. Sie war auf Familienebene organisiert, d. h. die gesamte Familie war in den Prozess der Produktion eingebunden. Diese Form der Heimindustrie half zunächst die Preise niedrig zu halten und gewährleistete dadurch wettbewerbsfähige Produkte. Vgl. Ens 1996, S. 6. Erst mit der Industrialisierung an sich setzte sich eine Preisspirale in Gang, die den weltweiten Wettbewerb weiter anheizte.

[309] Ders., S. 7.

[310] Ders., S. 14.

Ottawa einte, bestanden. Dass Riel diese dadurch zu bestärken versuchte, dass er nationale Symbolik bemühte, steht dagegen außer Zweifel. Ens verwirft somit aufgrund der heterogenen Zusammensetzung der *Metis* am *Red River* die Gültigkeit des Konzepts einer *Metis*-Nation. Der Vorgang des *nation-building* weist jedoch selbst in den europäischen Modellfällen selten eine ethnische Kohärenz der Herkunft oder ein geschlossenes nationalistisches Vorgehen der Beteiligten auf. Es ist zudem eher die Regel, dass die Erlangung politischer Souveränität der Bildung einer ethnisch homogenen Nation vorausgeht.[311] Auch der Hinweis auf den Verlust der Funktion *Red Rivers* im Pelzhandel stellt kein schlüssiges Argument dar, da es gerade der Verlust eines als nationale Heimstätte angesehenen Territoriums ist, der nationalistische Identifizierung mit demselben zumeist erst ermöglicht und beflügelt. Ens' Argumentation liefert somit selbst die Gründe und Ursachen für das Erwachen und Erstarken eines *Metis*-Nationalismus.

Einwände gegen den indigenen Rechtsanspruch der Metis

Die *Metis* werden von einigen Autoren, darunter vor allem Thomas Flanagan, nicht als indigenes Volk Kanadas angesehen. Ihnen wird daher der *aboriginal title*, der indigene Rechtsanspruch, an den ihre Landrechte geknüpft sind, streitig gemacht. Es wird argumentiert, dass die *Metis* erst aus der Begegnung zwischen Europäern und indigenen Völkern hervorgingen, und demnach nicht bereits vor der europäischen Kolonisierung als indigenes Volk – wie etwa zahlreiche indianische Stämme – auf kanadischem Boden lebten. Dadurch erfüllten sie nicht die Kriterien eines genuin indigenen Volkes.[312]

Diese Argumentation Thomas Flanagans zielt auf den Rechtsstatus der *Metis* ab, an den Landforderungen an die kanadischen Regierungen geknüpft sind. Sie verfolgt dabei eine ausschließlich eurozentrische Perspektive, die die von Europäern eingeführten Rechtskonstruktionen legitimiert und festschreibt. Diese Rechtskonstruktionen sind jedoch das Produkt einer staatlichen Strategie, die bestimmte Gruppen zurückdrängen und für die Interessen des Staates einer exklusiven Identitätspolitik unterwerfen will. Die Kontroverse um die Existenz der *Metis* als Ethnie oder *new nation* wird durch diese Argumentationsrichtung nicht tangiert. Sie stellt allerdings Landansprüche, die an dieses Verständnis geknüpft sind und aus ihm folgen, massiv in Frage und verkennt daher die Funktion des *aboriginal title*. Die Diskussion um die Kriterien für ein indigenes Volk kann nicht allein entlang der Frage "Wer war zuerst da?" geführt werden, sondern muss mitberücksichtigen, um welche Machtkonstellationen und Interessenssphären es in der Aufteilung und Aneignung von Territorium geht. Auf der einen Seite steht dabei ein mächtiger staatlicher Gegner, der eine Identitätspolitik auf Kosten einer Lebensweise von Individuen betreibt, denen es nicht primär um den Besitz von Boden, sondern in erster Linie um dessen Funktionalität

[311] John Breuilly: *Nationalism and the State*, Manchester ^{2}1993.

[312] Flanagan 1988.

als Lebensgrundlage geht.[313] Zudem scheint entscheidend, dass die *Metis* auf einem Territorium lebten, das ihnen später streitig gemacht wurde. Auf dieser Grundlage lässt sich schlüssig argumentieren, dass sie ein Recht auf diesen Boden hatten, ungeachtet der Tatsache, dass ihre Existenz nicht dem Eindringen der Europäer in Kanada vorausging oder dass sie einer semi-nomadischen Lebensweise nachgingen.

Die Sichtweise Flanagans auf die *Metis*-Landkontroverse bildet den Grundpfeiler seiner Argumentation in seiner Publikation *Metis Lands in Manitoba*, die er als Verteidigung der offiziellen kanadischen Manitoba-Politik verfasst hat. Dort ist er bemüht nachzuweisen, dass die kanadische Regierung die Vereinbarungen des *Manitoba Acts* von 1870 hinreichend erfüllt habe. Die *Metis* seien nicht bewusst von ihrem Boden vertrieben worden – wie von *Metis*-Aktivisten argumentiert wird – , sondern diese hätten in das *scrip*-Verfahren eingewilligt, um nach dem Verkauf ihres Bodens zu „guten Preisen" ihrer „typisch nomadischen Lebensweise" nachzugehen. Die darauffolgenden Gerichtsklagen von *Metis* basierten "*auf einem anachronistischen Verständnis der Geschichte*".[314] Der Autor konstruiert hier aus dem Hinweis auf die nur zu einem Teil nomadische Lebensweise der *Metis* die Berechtigung, sie ihres angestammten Territoriums zu berauben. Dabei vernachlässigt er die Tatsache, dass zahlreiche *Metis* zu diesem Zeitpunkt bereits Siedler und Farmer waren. Entscheidend ist zudem nicht der Nachweis der ordnungsgemäßen Durchführung der Vereinbarungen des *Manitoba Acts* durch die kanadische Regierung, noch der Einwilligung der *Metis* in das nachträglich eingeführte fragwürdige *scrip*-Verfahren. Bedeutungsvoll für die Klärung der Kontroverse ist vielmehr das Motiv der kanadischen Regierung, statt der im *Manitoba Act* vorgesehenen Landverteilung im Nachgang ein Kompensationsverfahren einzuführen, das zur Folge hatte, dass die Mehrheit der *Metis* es vorziehen mussten, ihren Anteil zumeist an Spekulanten zu verkaufen.[315] Es drängt sich der Eindruck auf, dass die kanadische Regierung hier lediglich ihre traditionelle Indianerpolitik fortsetzte, die durch Kompensationsleistungen an indigene Völker Territorium für weiße Siedler schaffen sollte. Flanagans Argumentation muss vor diesem Hintergrund zurückgewiesen werden.

[313] Vgl. auch Redbirds Argumentation in dieser Frage: "*The emphasis, in native culture, was on the use of land, not formal possession, a cultural manifestation the eastern land-grabbers were quick to exploit in Manitoba and Saskatchewan. The Metis assumed title in the traditional way of the Indian, by reason of their occupation and use.*", Redbird 1980, S. 39.
[314] Flanagan 1991, S. 248.
[315] Redbird 1980, S. 39-45.

Das letzte Kennzeichen dieser wirklichen Historie ist schließlich, dass sie nicht fürchtet, ein perspektivisches Wissen zu sein.[316]

Michel Foucault

Das Verständnis des Metis-Nationalismus durch die Metis selbst

Die obigen Ausführungen explizierten bereits, dass für die Identifizierung eines *Metis*-Nationalismus Louis Riel als politischem Anführer eine zentrale Funktion zukommt.[317] Seine Person, die in ihren Schriften und Handlungen ein nationalistisches Identifikationspotential auf sich vereinigt, bildet sowohl im Fremdverständnis als auch im Selbstverständnis der *Metis* den Bezugspunkt für jegliche Positionierung derselben als Nation und Ethnie.[318] So sehr die charismatische Wirkung Riels diese Interpretation auch zu rechtfertigen scheint, so sehr ist sie dazu angetan, eine Überhöhung und Glorifizierung seiner Rolle wie auch ein verkürztes Verständnis von *Metis*-Identität zu fördern.[319] Dem Riel-Mythos kommt dabei die ambivalente Rolle zu, zum einen als notwendiges Instrument für die Verbreitung und Verankerung der Vorstellung einer *Metis*-Nation zu dienen, zum anderen eben dieses durch die Verdrängung anderer Faktoren zu behindern. Die Identifizierung der *Metis* über einen politischen *Metis*-Nationalismus mit Hilfe der Figur Louis Riels verfehlt ihr Ziel dabei nicht allein durch die Fixierung auf einen Personenkult, sondern zudem durch die, wenn auch nicht notwendigerweise intendierte, so doch suggerierte Konzentration auf die *Red River Metis*, die unter seiner Führung ihre nationalistischen Forderungen artikulierten. Im folgenden soll bei der Analyse des Selbstverständnisses der *Metis* als Nation daher das Augenmerk auf Abweichungen von dieser Form des Personenmythos und -kults gelegt und herausgearbeitet werden, um welches Verständnis der *Metis* als Nation die herkömmliche Sichtweise modifiziert und erweitert wird.

Metis-Nationalismus wird in der Regel von solchen *Metis* artikuliert, die sich in einem politischen oder kulturellen Kontext um die Durchsetzung spezifischer *Metis*-Ziele bemühen. Dies geschieht in Form von kultureller und persönlicher Sensibilisierung, historischer Rückbesinnung oder/und politischer Organisation. Diese Varianten einer "Nationalisierung" können ihren Ausdruck schließlich in Publikationen mit wissenschaftlicher, politischer oder autobiographischer Zielsetzung finden.[320] Der Schwerpunkt der folgenden Analyse liegt auf den wissenschaftlichen und autobiogra-

---

[316] Foucault 1996, S. 82.

[317] Vgl. andere Kapitel dieser Arbeit.

[318] Vgl. Stanley 1936, Giraud 1945, A. S. Morton 1978, Pannekoek 1991.

[319] Vgl. hierzu Douglas Owram: „The Myth of Louis Riel“, in: *Canadian Historical Review* (1982), 63/3, S. 315-336 (zit. Owram 1982); und Donald Swainson: „Rielana and the Structure of Canadian History“, in: *Journal of Popular Culture* XIV:2, (Fall 1980), S. 286-297 (zit. Swainson 1980).

[320] Dies ist keine seltene Strategie, um dem Konzept einer Nation Flügel zu verleihen und bei seiner Verbreitung zu helfen.

phischen Arbeiten. Das Selbstverständnis der *Metis* zeichnet sich dabei vor allem durch eine bewusst subjektive Perspektive auf die Frage nach einer *Metis*-Identität aus. Dabei geht es ihr darum, die eigene Position gegenüber einem verkürzten und/oder stereotypisierten Fremdverständnis zu behaupten, um dadurch das herkömmliche Bild der *Metis* zu korrigieren. Die Akzeptanz und das Bewusstsein für eine eigenständige *Metis*-Identität soll dadurch gefördert werden.

Ein historiographischer Versuch: Die Notwendigkeit einer perspektivischen Sicht (Duke Redbird)

Die zentrale Arbeit über die *Metis* aus der Feder eines *Metis*-Autors stammt von Duke Redbird. Sie bildet in dieser Form zugleich den ersten Versuch dieser Art der Aufarbeitung der *Metis*-Geschichte. Diesem Ansatz kommt im Zusammenhang der vorliegenden Analyse nicht nur aus *Metis*-Sicht Relevanz zu. Es ist dessen explizite Perspektivität, die den Schlüssel zu einem besseren Verständnis der *Metis* als Nation liefern kann. Perspektivität wird hier in Opposition zum Anspruch einer vermeintlich wertfreien "Objektivität" verstanden, wie sie das dominante Wissenschaftsverständnis postuliert.[321] Die aus wissenschaftlicher Sicht gemeinhin tabuisierte "Perspektivität" bringt dabei den Vorteil mit sich, keine "objektive Darstellung" zu suggerieren. Während George Stanley aus einer westlichen historiographischen Tradition heraus "Objektivität" einforderte und zum eigenen Anspruch erhob,[322] diese dabei jedoch keineswegs einzulösen vermochte, kann eine perspektivische Version der "historischen Fakten" dem Adressaten die Grenzen der eigenen subjektiven Sichtweise aufzeigen. Zugleich gesteht sie dem Leser seine Position innerhalb der Auseinandersetzung um die Identitätsfindung und -behauptung der *Metis* zu. Im Gegensatz dazu verschleiert die vermeintlich "objektive" Sichtweise Stanleys die inhärente Machtstrategie, der es um Fremdbestimmung einer aufgrund ihrer Differenz als "minderwertig" titulierten Ethnie geht. Duke Redbird setzt dem keine vermeintlich leidenschaftslose Darstellung der Geschichte der *Metis* entgegen, sondern nimmt für sich eine parteiische Stellungnahme in Anspruch, die ihre identitätspolitische Intention nicht verbirgt.[323]

Die Zielsetzung der Arbeit Duke Redbirds *We are Metis. A Metis View of the Development of a Native Canadian People* aus dem Jahr 1980 ist es, dem dominierenden

---

[321] Vgl. Foucault 1996, S. 71.

[322] "*I have, therefore, examined the contemporary sources, many of which had not been examined before in this respect, studied both sides of controversies, and endeavoured to eliminate - as far as possible to the historian relating events, the fire of which has not yet been extinguished by time - all partisan or personal bias.(...) In this work I have made a serious effort to reach the truth and feel that the justification of this book lies in its thorough treatment and its contribution of a new interpretation to a story which, however familiar in outline, has not hitherto been the subject of serious research.*" George Stanley: „Preface“, in: Stanley 1936, S. xxvi-xxvii.

[323] Redbird : „Introduction“, in: ders. 1980.

Fremdverständnis der *Metis* als Nation die eigene Sicht und Perspektivität[324] entgegenzusetzen, um das herkömmliche Verständnis nicht allein zu erweitern oder zu präzisieren, sondern explizit zu korrigieren:[325]

"In much of the early writing concerning the Metis, the people were treated simply as a colourful deviation and the human experience involved is all but lost. This oversight has filtered down to the present scholarship on the origins of the Metis. That the Metis experience is a result of human relationships and not of political machinations is largely ignored by most writers."[326]

Den Ausgangspunkt dieser Korrektur und Erweiterung um die menschliche Dimension der *métisation* bildet die Herausforderung der *frontier*-These, die Redbird als das Fundament europäisch-zentrierter Abhandlungen über die *Metis* ansieht. Dem Argument der *frontier*-Historiker, *Metis*-Gemeinschaften seien statisch und primitiv gewesen, hält er entgegen:

"In summary, it is clear (...) that, contrary to white historians, the Metis could not be called "primitive" or even "semi-primitive", nor could they be called static or resistant to change, as a number of historians have maintained. The Metis were not only accepting and adapting successfully to influences around them, but were actually developing and proposing solutions that were years ahead of their time."[327]

Die Flexibilität der *Metis* an veränderte Arbeits- und Lebensbedingungen im Zuge der Industrialisierung Kanadas wird hier als Kriterium ihrer Zivilisiertheit und Modernität angeführt. Die politischen Kompromisse Riels und anderer *Metis*-Aktivisten im Hinblick auf die gesellschaftliche Integration der *Metis* in die kanadische Gesellschaft werden als vorausschauende Lösungen und Modelle für ein multikulturelles Zusammenleben gesehen. Redbird ist in diesem Zusammenhang darum bemüht, nachzuweisen, dass das Bewusstsein für eine *Metis*-Nationalität aus den eigenen spezifischen Lebensbedingungen der *Metis* resultierte und für die Ausbildung derselben nicht der Abgrenzung von einer weißen Zivilisation, der formellen Zugehörigkeit zu einer Pelzhandelsgesellschaft oder gar der Figur Louis Riels bedurfte:

"The fact is that the Metis developed their sense of nationhood not because of white civilization or the Northwest Company or even Louis Riel. Rather, it was a natural expression of their own reality in the context of their own social development."[328]

---

[324] Zur Notwendigkeit und dem Privileg der "Perspektivität" in Opposition zu dem in der Wissenschaft dominierenden Anspruch der "Objektivität" aus feministischer Sicht vgl. Haraway 1991, S. 183-201.
[325] Vgl. Redbird 1980, "Introduction", vgl. auch S. 3f.
[326] Redbird 1980, S. 3.
[327] Ders., S. 22.
[328] Ders., S. 5.

In Anlehnung an die Definition von "Zivilisation" aus Webster's Dictionary argumentiert Redbird zudem konträr zum dichotomen Konzept der *frontier*-Historiker zugunsten eines vollständig zivilisierten Charakters der *Metis*:

"The Webster's definition of civilization is an ideal state of human culture characterized by complete absence of barbarism and non-rational behaviour, optimum utilization of physical, cultural, spiritual and human resources and perfect adjustment of the individual within that social framework. By that definition, the Metis had existed as a civilization more than a century before the first white settlement in the West."[329]

Die Ursprungsdiskussion um den Entstehungszeitpunkt einer *Metis*-Nation umgeht Redbird zunächst durch den vagen Hinweis, dass es Individuen gemischter Herkunft seit der Mitte des 16. Jahrhunderts in Kanada gegeben habe, oder lapidar formuliert: *"nine months from the time the first white man set foot in North America."*[330] Auch der Präzisierung wenige Absätze später – "*...the Metis were being identified as a group as early as 1670.*[331] *It is safe to assume that the Metis identified themselves as a distinct group sometime before that. In fact, identity formation could be expected shortly after the first marriage between two half-breed partners, about nine months after.*"[332] – mangelt es nicht an einer Ironisierung der Ursprungsvorstellung, da der Hinweis auf Heirat und Zeugungsakt wenig mehr über eine "erste Identität",[333] die den Anspruch einer originären Wesenheit beanspruchen kann, auszusagen vermag als präzisere Datierungen. Der lapidare Hinweis auf den biologischen Zeugungsakt scheint dabei – trotz der verwendeten Fortpflanzungsmetaphorik – keineswegs eine historische Geburtsstunde um ihrer selbst willen präzisieren zu wollen, als vielmehr die Irrelevanz einer akribischen Suche nach dem vermeintlichen "Wunderursprung" zu verdeutlichen. In diesem Sinne ist der Hinweis auf die Heirat von zwei Individuen gemischter Herkunft mit dem Ergebnis eines ebensolchen Nachwuchses eine zirkuläre Definition, die die Einheitlichkeit lediglich an dem Attribut "half-breed" festmacht. In diesem Zusammenhang erscheint es angemessener, die Kategorie "Ursprung", die stets von einer originären Wahrheit und einer aufspürbaren "ersten Identität" ausgeht, durch den Begriff der variablen "Herkunft" zu ersetzen. Dieser wendet sich gegen die Vorstellung einer singulären und einheitlichen Identität zugunsten eines vielgestaltigen Charakters des bezeichneten Phänomens.[334]

329 Ders., S. 7.

330 Ders., S. 1.

331 Es ist kein ganz unironischer Zufall, dass seine eigene Datierung der Entstehung von *Metis*-Gemeinschaften im Jahr 1670 zeitlich mit der Erlangung des Handelsprivilegs durch die Pelzhandelsgesellschaft *Hudson's Bay Company* zusammenfällt.

332 Redbird 1980, S. 3.

333 Vgl. die Formulierung "erste Identität" bei Foucault in seiner Diskussion über die Unzulänglichkeit des Terminus "Ursprung", in: ders. 1996, S. 71.

334 Ders., S. 70-73. "*Warum lehnt der Genealoge Nietzsche zumindest gelegentlich die Suche nach dem Ursprung ab? Vor allem weil damit die Suche nach dem genau abgegrenzten Wesen der Sache gemeint ist, die Suche nach ihrer reinsten Möglichkeit, nach ihrer in sich gekehrten Identität, nach ihrer unbeweglichen und allem Äußeren, Zufälligen und Zeitlichen vorhergehenden Form. Die Suche nach einem solchen Ursprung ist die Suche nach dem, "was schon war", nach dem "es selbst" eines mit sich selbst*

Redbird fasst den Begriff „Metis“ folglich nicht rein historisch auf als exklusive Zuschreibung für Individuen in der Region am *Red River*, sondern als Resultat und Folge einer Entwicklung innerhalb eines lebendigen Prozesses, der in die Gegenwart reicht:

"The definition is not restricted to the physical area of Red River either, but it is developed as a living process in today's society."[335]

In der Konsequenz dieser Sichtweise auf die Definition des Begriffs „Metis“ verwirft Redbird daher auch die Reduktion einer *Metis*-Identität auf die Zuschreibung von Charakteristiken ihrer jeweiligen europäischen Vorfahren, wie sie zahlreiche Darstellungen des 19. Jahrhunderts schmücken. Eine *Metis*-Nationalität wird hier nicht als Abgrenzung, Derivat oder Erweiterung von anderen verstanden, sondern als eine eigenständige Identität, die unter spezifischen sozio-ökonomischen Umständen entstanden ist. In dem anglokanadischen Terminus "half-breed" sieht der Autor daher den rassistischen Versuch, die *Metis* auf das biologische Produkt ihres Entstehungshintergrunds zu reduzieren, der nicht fünfzig zu fünfzig bestanden habe:

"The English called the Metis "half-breed" but this was generally a misnomer as there were few Metis who were actually of pure White and pure Indian ancestry in half and half portions."[336]

Der Hinweis Redbirds auf die biologisch falsche Auslegung einer *Metis*-Identität durch die Bezeichnung "half-breed" dient nicht nur der Offenlegung ihres rassistischen Gehalts. Er versucht hier zudem, das klassische Bild der *Metis* als Nachkommen aus indigen-europäischen Ehen zu widerlegen. Vielmehr sei die Mehrzahl der *Metis* längst aus *Metis*-Familien oder *Metis*-Indianer Beziehungen hervorgegangen. Diese Argumentation dient dazu, die Vorstellung einer eigenständigen *Metis*-Identität zu stützen, die für die Beschreibung ihres Charakters nicht des Hinweises auf ihre europäischen oder indigenen Vorfahren bedarf.[337] Das *Metis*-Konzept Redbirds entleiht ihre historische Kontinuitätsbasis zwar von den westlichen *Metis*, weitet sie jedoch zeitlich und regional über die *Red River*-Region aus, um andere *Metis*-Gemeinschaften miteinzuschließen. Die *Red River Metis* bilden hier gleichsam die historische Verbindungslinie zu den heute sich als *Metis* bezeichnenden Gemeinschaften. Redbird will dabei eine regionale Konzentration oder ethnische Zuspitzung vermeiden, um sein Konzept einer *Metis*-Identität auf alle *Metis* in Nordamerika aus-

---

übereinstimmenden Bildes; sie hält alle Umwälzungen, alle Hinterlistigkeiten und alle Verkleidungen für bloße Zufälle; sie möchte alle Masken abtun, um endlich eine erste Identität aufzudecken.", S. 71.

335 Redbird 1980, S. 1.

336 Ebd.

337 Ähnlich argumentiert auch Martin Dunn, in: ders., *Access to Survival. A Perspective on Aboriginal Self-Government for the Constituency of the Native Council of Canada*, (Institute of Intergovernmental Relations) Kingston/Ontario 1986 (zit. Dunn 1986). Er bemängelt, dass der Hinweis auf die Herkunft der *Metis* aus europäisch-indigenen Beziehungen häufig als Nachweis bemüht werde, um ihren Charakter als indigenes Volk zu widerlegen und ihre eigenständige Identität zu leugnen, vgl. S. 6.

weiten zu können. Diese Ausweitung in der Version Redbirds schließt die *non-status Indians* ein, für die er in der Annahme einer *Metis*-Identität die Lösung ihres Identitätsproblems als eine zwischen den rechtlichen Kategorien des kanadischen Staates gleichsam sich auflösende ethnische Gruppe sieht.[338] Die einzelnen *Metis*-Gemeinschaften, die Redbird unter seinem Konzept der *Metis*-Nation einschließen will, werden dabei jedoch nicht präzisiert. Es scheint, dass der Autor durch die Vermeidung einer Eingrenzung darum bemüht ist, die Definition möglichst offen zu halten. Darin stimmt er mit Martin Dunn überein, der stets zugunsten einer möglichst flexiblen und inklusiven Identitätspolitik plädiert hat.[339]

Ein autobiographisch-politischer Versuch: Von der Notwendigkeit eines politischen Nationalismus (Howard Adams)

Mit einem anderen Ansatz hat Howard Adams versucht, die Notwendigkeit eines politischen Nationalismus in Opposition zu seiner rein kulturellen Variante für die Festigung einer *Metis*-Identität und die Durchsetzung spezifischer *Metis*-Ziele aufzuzeigen. Im kulturellen Nationalismus und seinem impliziten Ausschluss politischer Inhalte sieht er eine Variante des kulturellen Imperialismus, der die Emanzipation indigener Völker behindere.[340] Zudem befördere er die Gefahr, kolonialistischer Politik noch im Nachhinein weiter zum Erfolg zu verhelfen, indem er die betroffenen Individuen durch vermeintlich unpolitische kulturelle Aktivitäten dazu verleite ihre Interessen zu verkennen. Dem setzt Howard einen "radikalen" Nationalismus entgegen, den er von "bürgerlichem" Nationalismus, der sich in patriotischen Ritualen erschöpfe, und von "kulturellem" Nationalismus, dem es um Rückbesinnung auf traditionelle Gebräuche und Rituale gehe, unterscheide. In der Propagierung eines politischen Nationalismus sieht Howard die Möglichkeit, den Stolz auf das eigene Erbe und ein Gefühl der Zugehörigkeit zu vermitteln, das vielen Indigenen durch kolonialistische Strategien abhanden gekommen sei.[341] Dabei ist er sich – ähnlich wie Duke Redbird – des subjektiven Charakters der nationalistischen Ideologie bewusst.[342] Er verhehlt daher ebenso wenig, dass er in der Mobilisierung nationalistischer Gefühle ein notwendiges Instrument für die Befreiung der *Metis* und anderer indigener Völker, für die er ebenso Partei ergreift, von kolonialistischer Herrschaft sieht.

In subjektiver Diktion wird daher der Stil des Buches durchgehalten. Die politischen Positionierungen des Autors finden dabei erst im mittleren Teil des Buches Platz, dem ein autobiographischer Versuch der Aufarbeitung der eigenen Identitätskrisis im ersten Teil vorausgeht. Dort beschreibt Adams die eigene Motivation, sich in seiner

338 Redbird 1980, S. 3.
339 Dunn 1994a.
340 Adams 1975, S.197.
341 Ders., S. 170, 194.
342 Ders., S. 192, 193.

Jugend am Ideal einer weißen Kultur orientiert zu haben, das mit Freiheit assoziiert wurde:

"Every time I put my arms around a native girl I embraced oppression, but when I hugged a white girl I hugged freedom. I always felt that I would never have complete freedom until I had a white woman in my arms, in my life, in my bed. Until that day came my entire existence would be plagued with oppression."[343]

Diese Identitätskrisis steht stellvertretend für zahlreiche *Metis*, die sich zwischen den Kulturen der Weißen und Indigenen verlieren und nach Orientierung suchen. Der Glaube, dies über die Identifikation mit dem Unterdrücker erlangen zu können, stellt gleichzeitig den Versuch dar, dessen Erfolgsideal gerecht zu werden, um sich von der eigenen stigmatisierten *Metis*-Identität zu distanzieren.[344] Adams Persönlichkeitsentwicklung führt ihn selbst schließlich zu der Überzeugung, dass die Orientierung an einem weißen Ideal nicht nur in die Irre führt und das Individuum von sich selbst entfremdet, sondern dass es nicht die Aufgabe der Indigenen sein kann, um Akzeptanz durch die dominante weiße Gesellschaft zu kämpfen, da sie nicht selbst für die falsche Wahrnehmung der Weißen verantwortlich gemacht werden können:

"Above all, Indians and Métis must stop trying to be accepted by white society. A strong native movement cannot be built by people who are ashamed of their Indianness, lying to themselves, and "sucking up" to the so-called important white people."[345]

In seinem Versuch, die adäquate Widerstandstaktik gegenüber einem repressiven kanadischen Staat zu formulieren, behandelt Howard alle indigenen Völker als eine einzelne ethnische Gruppe, die sich von den Strategien der Regierung nicht spalten lassen dürfe. Diese Sichtweise scheint mit der Überzeugung zu koalieren, dass kultureller Nationalismus lediglich die Rituale der einzelnen Völker betone statt die politischen Mittel aufzuzeigen, um sie von Fremdherrschaft zu befreien. Die Politik des kanadischen Staates, Indianer in Reservate zu schicken und sie mit Verträgen von dem Einklagen ihrer Rechte abzubringen, sei eine weitere kolonialistische Taktik der Unterdrückung:

"A tragic consequence of the treaties was that Indians later accepted them as a kind of legal Bible which they felt gave them special rights and privileges. This attitude persists with most Indians today. Not only do the treaties represent cruel thefts of aboriginal rights, but they are also contracts of continuing oppression."[346]

In der Organisierung der indigenen Völker in nationalen Verbänden sieht Adams jedoch nicht das geeignete Mittel der Emanzipation von Fremdherrschaft, da sie wegen

---

343 Ders., S.165.

344 Campbell 1983.

345 Adams 1975, S. 202.

346 Ders., S. 72.

ihrer vorausgesetzten Kooperation mit dem Staat lediglich die Möglichkeit mitbringe, durch die kanadische Regierung effektiver manipuliert zu werden und daher von vornherein fundamentale Veränderung unterbinde.[347] Vielmehr glaubt Adams an die Wirksamkeit politischer Erziehung, von Basisgruppen und außerparlamentarischer Opposition, die auch bis zum Guerillakrieg führen könne.[348]

Adams Vorstellung einer *Metis*-Nation ist unter den behandelten Konzepten das am wenigsten homogene. Durch seinen aktionspolitischen Ansatz, dem es über die Anerkennung als indigenes Volk hinaus nicht nur um Integration, sondern auch um die Befreiung von kolonialistischer Herrschaft geht, nimmt die Gestalt seiner Vorstellungen einer *Metis*-Nation einen inkonsistenten Charakter an. Sie wird undefinierbar und verschwindet hinter einer Koalition indigener Völker, die zur Gesamtnation stilisiert werden. Identifizierbar bleiben dabei jedoch die *non-status Indians* als Teil dieses Konzeptes einer indigenen Nation, die wegen ihres rechtlichen Status zur Gruppe der *Metis* hinzugezählt werden.

Die Perspektive nationaler Metis-Organisationen: "Native Council of Canada" (NCC) und "Metis National Council" (MNC)

Die Perspektive einer *Metis*-Organisation auf Bundesebene auf die Rechte und Ziele der *Metis* in Kanada muss sich notwendig von den aktionistischen Versuchen auf Basisebene *Metis*-Bewusstsein zu fördern und den historiographischen Versuchen, die Genese einer *Metis*-Nationalität aufzuzeigen, unterscheiden. Primär geht es einer solchen Organisation um die Kooperation mit dem Staat, um möglichst viele spezifische *Metis*-Interessen zu artikulieren und durchzusetzen. Dass es dabei zunächst um die Integration von Indigenen in die Mehrheitsgesellschaft geht, und erst langfristig um die Selbstbehauptung als unabhängige, möglichst selbstverwaltete Ethnie oder Nation, liegt dabei in dem Primat der Kompromissbereitschaft beider Seiten (Staat/Organisation), jedoch wohl stärker auf Seiten der Organisation selbst begründet. Die Definition von *Metis* kann infolge der Kompromissbereitschaft nur eine kleinere Gruppe von Menschen, für die spezifische Interessen durchgesetzt werden sollen, einbeziehen als es sich viele *Metis*-Aktivisten wünschen. Der *Native Council of Canada* (NCC) begreift sich in diesem Sinne seit 1970 als nationale Vertretung für etwa eine Millionen *Metis* und *non-status Indians* in Kanada, d. h. für alle Individuen, die vom *Indian Act* ausgeschlossen sind. Der Einschluss der *non-status Indians* wird hier nicht auf einer kulturellen oder historischen Basis begründet, sondern aus der vereintlich identischen verfassungspolitischen Stellung beider Gruppen gegenüber der kanadischen Regierung.

---

347 *"The time is long overdue for Indians to take over their reserves but instead of liberating themselves from the Indian Affairs Branch departments, they are becoming managers of social service and community programmes that remain under white colonial control within the capitalist system."*, Adams 1975, S. 215. *"Unorganized groups cannot be manipulated, but organized groups can be manipulated, in the best interest of the government."*, ebd., S. 181.

348 Ders., S. 200.

Vor der Verabschiedung des *Constitution Act* von 1982 setzte sich der *Native Council of Canada* als Vertretung der *Metis* und *non-status Indians* auf nationaler Ebene primär für die Anerkennung beider Gruppen als indigene Völker durch den kanadischen Staat ein. Dabei ging es der Organisation um das Einlösen der historischen Rechte und Ansprüche ihrer Mitglieder.[349] Die Organisation kämpfte jedoch keineswegs um die Erlangung "gleicher Chancen" (*equal opportunities*) innerhalb der Mehrheitsgesellschaft, wie sie das Konzept des Multikulturalismus in Aussicht stellt. Darin wurde kein wirksamer Schutz der in der Geschichte Kanadas massiv verletzten Rechte der kanadischen Ureinwohnerbevölkerung gesehen. Im Konzept der ethnischen Minderheiten, denen im Rahmen der Politik des Multikulturalismus *equal opportunities* durch den kanadischen Staat eingeräumt werden sollten, sah der NCC eine unflexible Politik und ein Hindernis in der Anerkennung von historisch begründeten Rechten.[350]

Für das Verständnis des NCC von *Metis*-Nationalität ist zunächst die Dekonstruktion des Mythos' der zwei „Gründernationen" *(the myth of two founding peoples*) grundlegend. Dieser wird als ein typisch rassistisches und kolonialistisches Konstrukt, das die Ressentiments indigener Menschen gegenüber der kanadischen Regierung bestärke, angesehen. Der NCC bekräftigt dennoch seine Überzeugung von der Notwendigkeit der kanadischen Einheit, begreift diese jedoch unter anderen Prämissen als der kanadische Staat. Der Mythos der zwei Gründernationen wird im Konzept des NCC als Hindernis in der Festigung dieser Einheit gesehen, die in den Augen des NCC noch keine Realität, sondern ein Desiderat darstellt. Nationale Identität als Grundlage dieser Einheit wird dabei als ein alle Kulturen Kanadas umfassendes Konzept angesehen, das der Idee des Gründungsmythos fundamental widerspricht.[351] Konkret begreift der NCC die *Metis*-Nation als eine der Gründernationen Kanadas. Diese Sichtweise wird durch folgende Argumente begründet: Zum einen wird die entscheidende Rolle der *Metis* in ihren Funktionen im Pelzhandel für die Öffnung und Ausdehnung der kanadischen Grenzen[352] Richtung Westen genannt. Dabei sind vor allem ihre Aufgaben als Lieferanten des überlebenswichtigen Büffelfleisches für die Handelsstützpunkte und als freie Händler gemeint, jedoch auch der damit zusammenhängende Aufbau eines Transportsystems, auf das später die *Canadian Pacific Railway* zurückgreifen konnte. Zudem wird hier auch auf die Beziehungen der *Metis* zu den übrigen indigenen Völkern angespielt, die zumeist erst durch sie in die Handelsverflechtungen mit den Europäern eingeführt wurden. Während der Vertragsschließungen übernahmen die *Metis* als Dolmetscher und Vermittler wichtige Funktionen, durch die sie die Ausweitung der Handelsbeziehungen erst gewährleisteten (eventuell aber auch verhinderten). Zudem werden die Siege gegen die *Sioux*, in den-

[349] Daniels 1979, S. 9 und 11.

[350] Ders.: „Introduction", in: ders. 1979, S. 1.

[351] Ders., S. 3.

[352] Die Nähe zur Argumentation der *frontier*-These Turners wird durch die Begriffswahl Daniels – "Canadian frontiers" – zwar begünstigt, sie meint jedoch nicht die Ideologie von der Überlegenheit der Europäer, sondern die aktive Rolle der *Metis* in der Erschließung des kanadischen Territoriums durch den Aufbau von Transportsystemen im Pelzhandel. Vgl. Daniels 1979, S. 4.

en eine große militärische Bedrohung der Prärie gesehen wurde, als entscheidende Faktoren in der Festigung des Sicherheitssystems der Region angesehen. Nicht zuletzt wird auf die patriotische Haltung der *Metis* verwiesen, denen es nicht um Separatismus oder Annexion in die USA gegangen sei, sondern um eine kooperative Basis mit den übrigen Kanadiern innerhalb einer kanadischen Konföderation.[353] (Hier wird die zeitweilige Haltung Louis Riels in dieser Frage verschwiegen.) Durch die Sicherung der Grenze zu den USA habe die *Metis*-Nation den Schutz des Territoriums gegen Einverleibung in die USA gewährleistet. So sei auch die Gründung der Provinz Manitoba und deren Eintritt in die kanadische Konföderation durch die Verhandlungen Riels und seiner provisorischen Regierung als Beitrag zur Festigung einer kanadischen Nation anzusehen. Gleichzeitig erkennt der NCC jedoch, dass der Eintritt der *Metis* in die kanadische Konföderation als fünfte Provinz Kanadas auf Kosten ihres Status' als unabhängige und selbstverwaltete Ethnie geschah. Seit 1870 wurde den *Metis* somit der Respekt ihrer Rechte und ihrer Kultur durch die kanadischen Regierungen zunehmend versagt. Auf dieser Erkenntnis fußte bislang die zentrale Forderung des NCC an den kanadischen Staat, die *Metis* – gemeinsam mit den *non-status Indians* – als indigene Völker anzuerkennen, um ihnen darüber die ihnen verwehrten Ansprüche auf Land, Mitsprache und Selbstverwaltung endgültig einzulösen.[354] Der in den *Indian Acts* festgelegte "Sonderstatus" wird hier einer Neuinterpretation unterworfen, die diesen nicht mehr als Instrument einer paternalistischen Fremdbestimmung, sondern als Mittel für die Mitsprache und Selbstverwaltung der indigenen Völker begreift.[355]

Nach der Verabschiedung des *Constitution Act* im Jahr 1982 räumte der *Native Council of Canada* in einem Positionspapier zur Frage indigener Selbstverwaltung aus dem Jahr 1986 ein, dass es auch außerhalb der *Red River*-Region sowohl vor als auch nach der Periode von 1800-1885 vielfältige *Metis*-Gemeinschaften gegeben habe. Dabei werden die *Acadians* in der Maritim-Region, die *Halfbreeds* in Sault Ste. Marie, die Gemeinschaften der *Hudson Bay Halfbreeds* in verschiedenen Regionen des Landes und gemischt *inuit-weiße* wie auch *inuit-indigene* Gemeinschaften in Labrador eingeschlossen. Es wird zudem darauf verwiesen, dass nur ein geringer Prozentsatz der heutigen *Metis* direkte Nachkommen aus indigen-europäischen Verbindungen seien. Die überwältigende Mehrheit der *Metis* seien Nachkommen von *Metis*-Eltern oder aus *Metis*-Indianer-Beziehungen. Die Betonung, die die Forschungsliteratur auf die Genese der *Metis* aus indigen-weißer Abstammung legt, erwecke dagegen den Eindruck, dass *Metis* nur eine zeitweilige historische Erscheinung gewesen seien und kein genuines Ureinwohnervolk darstellten.[356]

Die Virulenz der Frage, wer zu den *Metis* zählt und welche Definition von *Metis* demgemäss aus der *Metis*-Perspektive in Kanada zu gelten hat, wurde besonders eindringlich deutlich, als sich 1983 der *Métis National Council* (MNC) unabhängig vom

353 Ders., S. 6.
354 Ders., S. 13.
355 Ders., S. 12.
356 Vgl. Dunn 1986, S. 6.

Native Council of Canada als eigenständige *Metis*-Organisation herausbildete. Dieser Bruch vollzog sich in der Absicht des MNC, eine striktere Abgrenzung zwischen *Metis* und *non-status Indians* vorzunehmen.[357] Der MNC verfolgte fortan eine weitaus nationalistischere Linie als der NCC, infolgedessen dic *Metis* verfassungspolitisch enger definiert werden sollten. Die Organisation forderte, dass sich der Terminus „Metis" ausschließlich auf solche Individuen gemischter Herkunft beziehen solle, die aus dem westlichen Kanada abstammen. Alle übrigen seien demnach *non-status Indians*. Ein nationaler Charakter wird von ihr somit nur den westlichen *Metis* zugesprochen und ebenso wie in der Mehrzahl der Fremddarstellungen über die ökonomische Funktion im Pelzhandel konstruiert.[358] Die historische Verbindung zwischen den *Red River Metis* des 19. Jahrhunderts und den sich heute als *Metis* bezeichnenden vielfältigen Gruppen wird zugleich jedoch bekräftigt. Zahlreiche *Metis*-Autoren wie Duke Redbird,[359] Howard Adams[360] und David Boisvert/Keith Turnbull[361] hingegen optieren dafür, die *non-status Indians* in die Gruppe der *Metis* einzubeziehen.

[357] Krosenbrink-Gelissen 1989, S. 40. Vgl. auch David Boisvert/Keith Turnbull: „Who are the Métis?", in: *Studies in Political Economy* 18 (SPE), Fall 1985 (107-147), S. 108 (zit. Boisvert/Turnbull 1985).

[358] Harrison 1985, S. 14.

[359] Redbird 1980.

[360] Adams 1975.

[361] Boisvert/Turnbull 1985, S. 108.

5. Resümee: Die Differenzen im Selbst- und Fremdverständnis der kanadischen Metis als Nation

Der kanadische *Metis* Martin Dunn erzählte seinen Zuhörern auf einer Konferenz über die Rechte seines Volkes an der Trent University, dass er in seiner ersten Lebenshälfte von seiner *Metis*-Abstammung nichts gewusst habe:

"I identify myself today, and have for the last 20 years or so as a Métis person. I did not do that for the first 30 years of my life for the very simple reason that I did not know that such an identity existed. Apart from knowing that I had "Indian ancestry", and that my great-great-grandfather was some kind of "halfbreed explorer", I knew nothing of my indigenous heritage."[362]

Die Unkenntnis der persönlichen Herkunft und der des eigenen Volkes verdeutlicht zum einen die Diskontinuität, die die *Metis* in ihrer Entwicklung aufweisen. Sie expliziert zum anderen die Verdrängung der Rolle der *Metis* in der kanadischen Geschichte, die durch die Stereotypisierungen des europäischen Fremdverständnisses gefördert wurde. Die Scham, einer in der offiziellen Version als minderwertig titulierten Ethnie anzugehören, hatte dazu geführt, dass die *Metis* ihre Geschichte in der für sie üblichen Form der mündlichen Überlieferung an folgende Generationen nicht immer weitergeben konnten. Die Stereotypisierung früher europäischer Beobachter hatte demnach erfolgreich ihre Funktion als schematisierende Vereinfachung erfüllt, die der Diskriminierung einer Minderheit durch eine mächtigere Mehrheit diente.[363] Erstere wurde so in einen gesellschaftlich niedrigeren Status gedrängt, der das Bekenntnis zur eigenen Identität kaum verlockend erscheinen ließ. Die Identifikation mit "weißen" Idealen wurde somit einerseits mit dem Ziel gefördert, die Negierung der eigenen indigenen Kultur herbeizuführen, andererseits waren damit jedoch keine Erfolgsaussichten innerhalb der weißen Gesellschaft verbunden.[364] Die frühe europäische Stereotypisierung hat dabei aus Einzelerfahrungen scheinbar spezifischer Wesensmerkmale von Individuen fehlerhafte Generalisierungen gefolgert. Dadurch wurde der Charakter einer Einheitlichkeit aller zu einer als relativ kohärent wahrgenommenen Gruppe gehörenden Individuen suggeriert.[365] Dieses Bild stützte sich auf die Merkmale des Büffeljägers und des Pelzhändlers, das über das Stereotyp der *Metis* als Ausdruck einer ökonomischen Funktion konstruiert wurde. Diese Verkürzung konnte selbst in der neueren Forschungsliteratur die These stützen, das mit dem Ende des Pelzhandels und der ökonomischen Funktionalisierbarkeit der *Metis*, ihre Identi-

[362] Martin Dunn: "Metis Identity - A Source of Aboriginal Rights?", January 1998, in: http://www.cyberus.ca/~mfdunn/metis/Papers/trent/trent.htm, S. 2.
[363] Vgl. Dieter Frey: "Kognitive Theorien in der Sozialpsychologie", in: Dieter Frey/Siegfried Greif: *Sozialpsychologie. Ein Handbuch in Schlüsselbegriffen*, München Weinheim ²1987, (50-67), S. 54; Peter Grzybek: "Kulturelle Stereotype und stereotype Texte", in: Walter A. Koch (hg.): *Natürlichkeit der Sprache und Kultur*, Bochum 1990, (300-327), S. 308.
[364] Adams 1975, S. 141-149.
[365] Vgl. eine Gliederung stereotyper Systeme in zehn Punkten nach Berger (1966) in: Heinz E. Wolf: *Kritik der Vorurteilsforschung*, Ferdinand Enke Verlag, Stuttgart 1979, S. 104f.

tät aufgehört hatte zu existieren. Diese war somit durch die ökonomischen Anpassungsprozesse an eine kapitalistische Industriewirtschaft absorbiert worden.[366] Diese Argumentation bewegt sich in auffälliger Nähe zu der traditionellen *frontier*-Perspektive, die die Zerstörung einer als überholt angesehenen Lebensweise teleologisch zu legitimieren scheint.[367]

Die Vielheit der *Metis* wurde im Fremdverständnis nur als Ausdruck spezifischer europäischer Varianten – wie z. B. über die Zuschreibung bestimmter, als typisch suggerierter englischer oder französischer Wesenszüge – zugestanden. Diese wurden dabei rassistisch für die Konstruktion eines bestimmten politischen Weltbildes und der daraus folgenden territorialen Interessen funktionalisiert, wie sie im Konzept der *frontier*-Ideologie zum Vorschein kommen.[368] Der Charakter von Vielheiten als positiver Ausdruck der heterogenen Gestalt einer eigenständigen Gruppe von Menschen wurde dabei jedoch zum Zweck der Überschaubarkeit in einer fremden Umgebung durch diese Europäer negiert.[369] Dagegen hatten die bezeichneten Individuen aus den beiden Komponenten ihres Erbes längst einen eigenständigen, durch Vielfältigkeit geprägten Charakter angenommen. Dieser wies mit den einzelnen Vorläufern nicht mehr als eine historisch zurückreichende biologische Verbindung auf.[370] Sie kann jedoch über spezifische Charaktermerkmale oder Wesenszüge der "neuen" Individuen nichts aussagen.

Im frühen Fremdverständnis erscheint die Begriffsvielfalt für Individuen gemischter Herkunft zumeist als Nachweis der Heterogenität der *Metis*. Infolgedessen werden *Halfbreeds*, *Métis*, irokesische *freemen* und andere Gruppen voneinander unterschieden. Der Begriff *Halfbreed* stellt unter den gängigen Zuschreibungen für *Metis* durch den Hinweis auf eine genetische "Halbwertigkeit" der Nachkommen aus als ungesetzlich angesehenen Lebensgemeinschaften die pejorativste Bezeichnung dar. Dem Terminus *Metis* liegt hingegen ein neutralerer Gehalt zugrunde. Im Selbstverständnis wird zwar ebenso wie im Fremdverständnis eine Unterscheidung zwischen verschiedenen *Metis*-Gruppen getroffen, diese dient aber nicht der Diskriminierung oder Abwertung der Lebensweise, der äußeren Erscheinung oder der Fähigkeiten dieser Gruppen. Die Begriffe werden zumeist in Anlehnung an Fremddarstellungen übernommen, finden dabei jedoch eine neutralere Verwendung.

Eine zentrale Aufgabe der Eigendarstellung von *Metis*-Organisationen ist es, diesen zementierten Stereotypisierungen durch Vermittlung der eigenen Geschichte und Kultur entgegenzuwirken. Eine in dieser Hinsicht exklusive Definition von *Metis*-Nationalisten, die unter *Metis* allein jene mit einer historisch nachweisbaren Abstammung von Individuen gemischter Herkunft aus dem Westen Kanadas verstehen,[371] würde eine solche Stereotypisierung nur befördern. Zudem ist sie dem heutigen

[366] Vgl. Ens 1996 und Peterson 1987.

[367] Stanley 1936.

[368] Vgl. Charles Mair, zit. nach Stanley 1936, S. 54 und andere von Stanley zitierte Beobachter und Ross 1857.

[369] Vgl. John McLean, zit. nach Stanley 1936, S. 9.

[370] Redbird 1980.

[371] Vgl. hierzu die Position des "Metis National Council".

Prozess der Bewusstseinsbildung ebenso wenig dienlich wie vage verfassungsrechtliche Klauseln, denen keine weiteren Schritte der praktischen Umsetzung folgen.[372]
Die Diskussion innerhalb der Forschung um die Definition des Begriffs *Metis* hat ihr verfassungspolitisches Äquivalent in den Verhandlungen vor und nach der Verabschiedung des *Constitution Act* von 1982 gefunden.[373] Vor dessen Verabschiedung hatte der *Native Council of Canada* durchsetzen können, dass unter *Metis* all jene Individuen eingeschlossen sein sollten, die sich zum Zeitpunkt der Verhandlungen selbst als *Metis* identifizierten. Eine offizielle Definition des Begriffs „Metis" ist im *Constitution Act* jedoch nach wie vor nicht enthalten.[374] Dies stützt zum einen die These der *Metis*-Vielheiten, zum anderen bedeutet es in der Praxis jedoch ein schwerwiegendes rechtliches Problem, da es die Identifizierung solcher Individuen, die heute als *Metis* gelten dürfen, erschwert. Verhandlungen zwischen *Metis*-Aktivisten und Regierungsbeauftragten nach der Verabschiedung des *Constitution Act* führten hingegen zur Annahme wenigstens dreier Kriterien:

- der Nachweis einer teilweise indigenen Abstammung ungeachtet der geographischen Herkunft,
- die Bereitschaft zur Selbstbezeichnung als *Metis* und
- die Akzeptanz durch eine *Metis*-Gemeinschaft.[375]

Die Betonung innerhalb der frühen Forschungsliteratur auf französisch-indigene Heiratsverbindungen im Pelzhandel hat zu der verkürzten Sichtweise geführt, dass *Metis* lediglich als Nachkommen solcher Ehen hervorgegangen seien. Die Vielfältigkeit ihrer geographischen Ursprünge widerlegt jedoch eine solche Annahme. So wird argumentiert, dass es in der zweiten Hälfte des 19. Jahrhunderts mindestens ebenso viele schottische und englische wie französische *Metis* in *Red River* gegeben habe.[376] Darüber hinaus lebten Gemeinschaften, die sich selbst als *Metis* ansahen, nördlich und westlich der *Red River*-Region. Diese waren aus Heiratsverbindungen von *Irokesen* und *Saulteaux* mit *Cree*- und *Metis*-Frauen hervorgegangen. Heute schließt der *Native Council of Canada* neben den *Halfbreeds* der *Hudson Bay* und in Sault Ste. Marie auch die *Akadier* der Maritim-Region und *inuit-weiße* als auch *inuit-indigene* Gemeinschaften in Labrador in die Formulierung einer *Metis*-Identität ein.[377]
Aus der historischen Perspektive zeigen sich im Selbst- und Fremdverständnis der *Metis* als Nation Differenzen, die zum einen auf unterschiedliche theoretische Konzepte zurückzuführen sind, zum anderen aber auf unterschiedliche politische Interessenssphären der jeweiligen Autoren verweisen. Das Verständnis von "Nation" kontrastiert auf beiden Seiten zum einen vornehmlich in Bezug auf den Nachweis

[372] Vgl. Constitution Act, 1982, in: Boldt/Long 1988, S. 363-365.
[373] Ebd.
[374] Martin Dunn: "Are You Metis?", in: http://www.cyberus.ca/~mfdunn/metis/quest.html, S. 1.
[375] Ebd.
[376] Ebd.
[377] Dunn 1986, S. 6.

von Quellen. Während Europäer schriftliche Quellen zur Grundlage erheben, berufen sich viele *Metis* vorwiegend auf eine orale Überlieferung. Das kollektive Gedächtnis operiert demnach auf beiden Seiten über unterschiedliche Medien der Vermittlung. Daraus ergeben sich zeitlich verschiedene Datierungen des Nationsursprungs der *Metis*. Europäische Darstellungen setzen die Ausbildung eines *Metis*-Nationalismus mit Hinweis auf die erste nachweisbare Verteidigung eines Territoriums durch die *Metis* mit dem Jahr 1816 an.[378] *Metis* gehen dagegen von einer nationalen Formierung der *Metis* aus, die 200 Jahre vor dieses Ereignis zurückreicht. Dabei berufen sie sich auf die Tradition ihrer Nachbarvölker der *Sioux*, *Irokesen* und *Choctaw*, die sich bereits zu diesem Zeitpunkt als Nationen etabliert hatten und denen sie darin gleichkamen.[379] Schriftliche Quellen werden dabei nicht bemüht, da sich das kollektive Gedächtnis der *Metis* stärker durch mündliche Überlieferung erinnert als über das Lesen gedruckten Papiers. Zumindest gilt dies für frühere Perioden ihrer Geschichte.
Zum anderen besteht eine Differenz beider Seiten im Verständnis des Bedeutungsgehalts des Begriffs "Nation". Europäer assoziieren damit in der Regel neben sprachlich-kultureller Identität einer Gruppe von Menschen ein staatliches Territorium, das die Nation von ihren Nachbarn abgrenzt und in dem politische Macht auf der Ebene einer Regierung konzentriert ist. *Metis* argumentieren hingegen weder mit einem staatlich anerkannten Territorium, noch einer Zentralmacht. Sie berufen sich vielmehr auf ihre Tradition selbstverwalteter, demokratischer Strukturen, die es von jeher unter den *Metis* gegeben habe.[380] Da sie aufgrund ihrer teilweise indigenen Herkunft ein anderes Verständnis von Boden pflegen als Europäer, geht es ihnen weniger um die klare Eingrenzung eines Staatsterritoriums. Vielmehr ist aus einer solchen Perspektive die Funktionalität des Bodens als Lebensgrundlage entscheidend. Der Boden bietet demnach die Grundlage für Lebensräume, in denen die eigenen Strukturen und Bräuche gepflegt werden können. Die von den *Metis* aufgrund ihrer flexiblen Lebensweise vernachlässigte Vorstellung von Besitz hat indes dazu geführt, dass ihre Territorien von Europäern stets für deren Siedlungspolitik funktionalisiert wurden. Über die Argumentation, die *Metis* seien ein nomadisches Volk, – wobei die agrarischen Elemente ihrer Lebensweise schlicht negiert werden – wird ihr historisch begründeter Anspruch auf ein eigenes Territorium bestritten.
Aus der Eigenperspektive erscheint das Konzept einer *Metis*-Nation zwar keineswegs homogener als aus der Fremddarstellung, jedoch wird hier der Charakter der *Metis*-Nation als einer Vielheit weitaus häufiger zugestanden. Diese Zugeständnis dient zum einen der Argumentation, dass die *Metis* als indigenes Volk Kanadas anzusehen seien. Die Heirat innerhalb der eigenen Gruppe und mit anderen indigenen Individuen wird hier zum Kriterium für die Eigenständigkeit einer *Metis*-Kultur. Dabei kam es zu Nachkommen von *Irokesen* und *Metis*, von *Saulteaux* und *Metis* und von *Inuit* und *Metis*. Die Gemeinschaften der *Halfbreeds* in der Maritim-Region, in Sault Ste. Marie und in Labrador werden ebenso in dieses Konzept einer *Metis*-Identität einbe-

[378] Vgl. Stanley 1936, Giraud 1945, u.a. europäische Darstellungen.
[379] Vgl. OMNSIA 1980 und Redbird 1980, S. 12.
[380] Ebd.

zogen.[381] Der Entstehungsort lässt sich demnach nicht auf das historische Stammgebiet der *Metis* in Red River reduzieren. Dort konnte sich zum einen eine spezifische Lebensweise aufgrund der relativen Isolation des Gebietes von europäischen Siedlungen herausbilden. Zum anderen kamen aber gerade dort die Differenzen und die Vielheit der diversen *Metis*-Gruppen zum Vorschein.
Auf der anderen Seite plädieren *Metis*-Nationalisten für eine exklusive Definition. Diese strategische Identitätspolitik verfolgt das Ziel, über den Ausschluss der *non-status Indians* von der Definition einer *Metis*-Nationalität über eine exklusivere Basis für das Einfordern genuin historischer Rechte und Ansprüche der *Metis* verfügen zu können. Sie suggeriert dabei das typische Bild der westlichen *Metis* als Büffeljäger und Pelzhändler, das sie ebenso wie das europäische Fremdverständnis auf ihre ökonomische Funktion reduziert. Das Selbstverständnis zeichnet sich in beiden Varianten durch seine bewusst subjektive Positionierung aus, die die eigenen Ziele nicht verhehlt und zur Öffentlichmachung derselben dient.
Aus der Fremdperspektive spiegelt sich in der Diskussion um *Metis*-Identität in frühen Darstellungen bis hin zu aktuellen Arbeiten über die *Metis* sowohl der historisch gewachsene französisch-britische Antagonismus in seiner kanadischen Variante als auch der Versuch des kanadischen Staates wieder, eine exklusive Identitätspolitik auf Kosten der indigenen Bevölkerung Kanadas zu betreiben.[382] Dabei werden aus dieser Perspektive vornehmlich die Differenzen und Widersprüche innerhalb des Konzepts einer *Metis-Nation* aufgezeigt. Über Hinweise auf die ethnische Heterogenität der *Metis*, auf ihre historische Diskontinuität und auf ihre Funktionalität im Pelzhandel wird zum einen das Konzept einer *Metis*-Nation verkürzt dargestellt, zum anderen werden die diversen Komponenten nicht positiv zusammengeführt.
Anhand des Konzepts der "Herkunft" wurde in diesem Buch versucht, die Genese der *Metis* zur Nation aus ihren vielfältigen Ursprüngen aufzuzeigen. Dabei konnten diverse *Metis*-Gemeinschaften identifiziert werden, die sich nach Lebensweise und sprachlich-konfessioneller Identität unterscheiden. Eine originäre "erste Identität", die gleichsam die "klassischen *Metis*" repräsentiert, hat es demnach nicht gegeben. Aus dieser Vielheit lässt sich ebensowenig eine Dichotomie zu den Europäer konstruieren, die nach dem Schema "zivilisiert-barbarisch" operiert. Die *Metis*-Vielheit zeichnet sich in ihren Lebensformen vielmehr durch nomadische, semi-nomadische und agrarische Elemente aus, die in flexibler Anpassung an veränderte ökonomische Bedingungen während des Übergangs zu einer Industriegesellschaft zunächst das Überleben von *Metis*-Gemeinschaften ermöglichte. Dagegen kann ein eigenständiger Charakter von *Metis*-Gemeinschaften gegenüber europäischen und indigenen Völkern festgestellt werden, der sich sowohl im Fremdverständnis als auch im Selbstverständnis äußert. Das frühe Fremdverständnis vernachlässigt dabei jedoch erste politische Strukturen der *Metis* und beschreibt sie vornehmlich über Eigenschaften, die ihren europäischen Vätern zugeschrieben werden. Daraus werden schließlich Charaktermerkmale und Erfolg oder Misserfolg in der Landwirtschaft abgeleitet.

[381] Dunn 1986, S. 6.
[382] Vgl. die Ausführungen zur Politik der *Indian Acts* seit dem 19. Jahrhundert.

Wirtschaftshistorische Analysen in frühen Darstellungen gehen noch von der Dichotomie der primitiven, statischen *Metis* gegenüber den zivilisierten, aktiven Europäern aus und können daher den vielgestaltigen Prozess ihrer Ausformung nicht aufzeigen. Auch die Vorstellung der *Metis* als das Symbol des Übergangs von einer primitiven zu einer fortschrittlichen Lebensweise konstruiert ebenso eine notwendige Teleologie, die die einzelnen Ereignisse in der Geschichte der *Metis* nicht ohne innere Notwendigkeit zur Kausalität zu erfassen vermag. Eine solche Kausalität lässt sich nach eingehender Analyse so aber nicht aufrechterhalten.

6. Literaturverzeichnis

Quellen:

Adams, Howard 1975: *Prison of Grass: Canada from a Native Point of View*, Toronto

Anderson, Anne 1985: *The First Metis: a New Nation*, Edmonton

Calihoo, Robert/Robert Hunter 1991: *Occupied Canada: A Young Man Discovers his Unsuspected Past*, Toronto

Campbell, Maria 1983: *Halfbreed*, Toronto

Chapleau, J.-A. 1885 : *La Question Riel (*Brochure), Ottawa

ders. 1886 : *L'exécution de Louis Riel* (Brochure), Montréal/Imprimerie Générale Ottawa

Culleton, Beatrice 1984: *In Search of April Raintree*, Winnipeg

Daniels, Harry W. 1979: *We are the New Nation: The Metis and the National Native Policy*, (Native Council of Canada) Ottawa

Dunn, Martin 1998: *Metis Identity – A Source of Aboriginal Rights?*, in: http://www.cyberus.ca/ ~mfdunn/metis/Papers/trent/trent.html

ders. 1994a: *The Definition of Metis – A Double-Edged Blade*, in: http://www.cyberus.ca/~mfdunn/metis/Papers/Definition.html

ders. 1994b: *All My Relations: The Other Metis*, in: http://www.cyberus.ca/~mfdunn/metis/Papers/CircleSum.html

ders. 1986: *Access to Survival. A Perspective on Aboriginal Self-Government for the Constituency of the Native Council of Canada*, Institute of Intergovernmental Relations, Kingston/Ontario

Metis National Council 1984: *Metis* (Brochure), Metis National Council Ottawa

Ontario Metis and Non-Status Indians Association (OMNSIA) 1980: *Historical Background of the Claims of Métis and Non-Status Indians in Ontario*, Toronto, in: http://www.cyberus.ca/~mfdunn/metis/Papers/omnsia/claims.html

Redbird, Duke 1980: *We are Metis: A Metis View of the Development of a Native Canadian People*, Ontario Métis and Non-Status Indian Association Toronto,

Riel, Louis 1985: *The Collected Writings of Louis Riel*, 5 vols., ed. George Stanley/Thomas Flanagan/Claude Rocan, Edmonton

ders. 1976: *The Diaries of Louis Riel*, ed. Thomas Flanagan, Edmonton

Ross, Alexander 1856: *The Red River Settlement: Its rise, progress and present state with some account of the native races and its general history to the present day*, London (reprint Minneapolis 1957/62)

Stanley, George F. H. 1963: *Louis Riel*, Toronto

ders. 1936: *The Birth of Western Canada: A History of the Riel Rebellions*, (reprints in Canadian History: Toronto 1961/92)

Statistics Canada 1984: *Canada's Native People* 1981: Census of Canada, Minister of Supply and Services Canada Ottawa

Sekundärliteratur:

Alter, Peter 1985: *Nationalismus*, Frankfurt am Main
Anderson, Benedict 1983: *Imagined Communities. Reflections on the Origin and Spread of Nationalism*, London/New York, (reprint 1993)
Argyle, W. J. 1976: *"Size and Scale as Factors in the Development of Nationalist Movements"*, in: Anthony D. Smith (ed.), Nationalist Movements, London, S. 31-53
Bakker, Pieter Jan 1992: *"A Language of Our Own" – The Genesis of Michif, the Mixed Cree-French Language of the Canadian Metis*, Amsterdam
Barkwell, Lawrence J./Samuel W. Corrigan (eds.) 1991: *The Struggle for Recognition*, Winnipeg
Barron, F. Laurie/James B. Waldram (eds.) 1986: *1885 and After: Native Society in Transition*, University of Regina, Canadian Plains Research Centre IV. Series
Beal, Bob/Rod Macleod 1984: *Prairie Fire. The 1885 North-West Rebellion*, Edmonton
Berger, Thomas 1981: *Fragile Freedoms: Human Rights and Dissent in Canada*, Toronto
Boisvert, David/Keith Turnbull 1985: "Who are the Metis?", in: *Studies in Political Economy* 18, S. 107-128
Boldt, M./Long, J. A (eds.) [2]1988: *The Quest for Justice: Aboriginal Peoples and Aboriginal Rights*, Toronto
Bothwell, R. 1995: *Canada and Québec: One Country, Two Histories*, Vancouver
Bowsfield, Hartwell 1969: *Louis Riel: Rebel of the Western Frontier or Victim of Politics and Prejudice*?, Toronto
Brass, Paul R. 1991: *Ethnicity and Nationalism. Theory and Comparison*, New Delhi, London
Breuilly, John [2]1993: *Nationalism and the State*, Manchester
Brown, Jennifer S. H. 1983: "Women as Centre and Symbol in the Emergence of Metis Communities", in: *Canadian Journal of Native Studies* 3, no.1, S. 39-46
dies. 1980a: *"Linguistic Solitudes and Changing Social Categories"*, in: Judd/Ray (eds.): Old Trails and New Directions, Toronto, S. 147-159
dies. 1980b: *Strangers in Blood: Fur Trade Company Families in Indian Country*, Vancouver
dies. 1978: "Ultimate Respectability: Fur Trade Children in the 'Civilized World' ", in: *Beaver* (Winter 1977), S. 4-10 und (Spring 1978), S. 48-55
dies. 1976: "Changing Views of Fur Trade Marriage and Domesticity: James Hargrave, His Colleagues and 'The Sex' ", in: *Western Canadian Journal of Anthropology* 6, no. 3, S. 92-105
Bryce, George 1909: *The Romantic Settlement of Lord Selkirk's Colonists (the pioneers of Manitoba)*, Toronto
Bumsted, J. M. 1986: *Interpreting Canada's Past*, Vol. I: Before Confederation; Vol. II: After Confederation, Toronto

Burley, David V. (et. al.) 1996: *Prophecy of the Swan: the Upper Peace River Fur Trade of 1794-1823*, Vancouver
ders./John D. Brandon/Gayle A. Horsfall 1992: *Structural Considerations of Métis Ethnicity: An Archaeological, Architectural and Historical Study*, Vermillion, University of South Dakota
Chakrabarty, Dipesh 1994: "Postcoloniality and the Artifice of History: Who Speaks for 'Indian' Pasts?", in: H. Aram Veeser (ed.): *The New Historicism Reader*, New York/London, S. 342-369
Chartier, Clem 1988: "Aboriginal Rights and Land Issued: The Metis Perspective", in: Boldt/Long (eds.): *The Quest for Justice*, Toronto, S. 54-61
Clark, W. Leland 1983: "The Place of the Metis within the Agricultural Economy of the Red River during the 1840s and 1850s", in: *Canadian Journal of Native Studies* 3, no. 1 , S. 69-84
Cohen, Abner A. (ed.) 1974: *Urban Ethnicity*, London
Cohn, Norman 1957: *The Pursuit of Millenium. Revolutionary Messianism in Medieval and Reformation Europe and its Bearing on Modern Totalitarian Movements*, New York
Coleman, William D. 1995: *The independence movement in Québec 1945-1980*, Toronto
Cook, Ramsay 1976: *The West and the Nation*, Toronto
ders. (ed.) 1968: *French-Canadian Nationalisms. An Anthology*, Toronto
Crawford, John C. 1987: "What is Michif? Language in the Métis tradition", in: Peterson/Brown (eds.): *The New Peoples: Being and Becoming Métis in North America*, Winnipeg, S. 231-241
ders. 1985: "Speaking Michif in Four Métis Communities", in: *Canadian Journal of Native Studies* 3, no. 1, S. 47-55
Daniels, Harry W. 1979: *We are the New Nation/Nous sommes la Nouvelle Nation*, Ottawa Native Council of Canada
Dickason, Olive Patricia 1998: "Metis", unveröffentlichtes Manuskript
dies. 1987: *"From 'one Nation' in the Northeast to 'New Nation' in the Northwest: A Look at the Emergence of the Metis"*, in: Peterson/Brown: The New Peoples, Winnipeg, S. 19-36
Dobbin, Murray 1981: *The One-and-a-half Men: The Story of Jim Brady and Malcolm Norris*, Vancouver
Driben, P. 1985: "The Nature of Metis Claims", in: *Canadian Journal of Native Studies* 3 (1), S. 183-196
Eccles, W. J. 1979: "A Belated Review of Harold Innis' 'The Fur Trade in Canada' ", in: *Canadian Historical Review*, Vol. LX, no. 4, S. 439-452
ders. 1969: *The Canadian Frontier, 1534-1760* (rev. ed.), Albuquerque
Ens, Gerhard 1996: *Homeland to Hinterland: The Changing Worlds of the Red River Metis in the 19th Century,* Toronto

ders. 1994: "Prologue to the Red River Resistance: Preliminal Politics and the Triumph of Riel", in: *Journal of the Canadian Historical Association/Revue de la Société Historique du Canada*, New Series/Nouvelle Série, Vol. 5, S. 111-123

Erikson, E. H. 1993: *Identität und Lebenszyklus*, Frankfurt

Fisher, Robin 1986: "*British Columbia and the Indians: The Transitional Years, 1849-1858*, in: J. M. Bumsted (ed.): Interpreting Canada's Past, Vol. I: Before Confederation, S. 288-307

Flanagan, Thomas 1991: *Metis Lands in Manitoba*, University of Calgary Press

ders. 1988: "Metis Aboriginal Rights: Some Historical and Contemporary Problems", in: Boldt/Long (eds.): *The Quest for Justice*, S. 230-245

ders. 1983: *Riel and the Rebellion of 1885 Reconsidered*, Saskatoon

ders. 1979: *Louis "David" Riel: Prophet of the New World*, Toronto

ders. 1979: "The Political Thought of Louis Riel", in: Lussier, Antoine (ed.): *Louis Riel and the Métis: Riel Mini-Conference Papers*, Winnipeg, S. 11-127

ders./John Foster (eds.) 1994: "The Metis: Past and Present", special issue of *Canadian Ethnic Studies* 17 (2), 1985, S. iii-vi

Foster, John 1985: "*Some Questions and Perspectives on the Problem of Métis Roots*", in: Peterson/Brown, 1985, S. 73-91

ders. 1978: "The Métis: the People and the Term", in: *Prairie Forum* 3, no. 1, S. 79-90

Foucault, Michel ²1996: *Von der Subversion des Wissens* (hg. Und aus dem Französischen und Italienischen übertragen von Walter Seitter), Frankfurt am Main

ders. 1996: "Nietzsche, die Genealogie und die Historie", in: ders., *Von der Subversion des Wissens*, S. 69-90

Frey, Dieter 1987: „Kognitive Theorien in der Sozialpsychologie", in: Frey, Dieter/Siegfried Greif: *Sozialpsychologie. Ein Handbuch in Schlüsselbegriffen*, 2. Auflage, München Weinheim, S. 50-67

Frideres, James 1983: *Native People in Canada. Contemporary Conflicts*, Scarborough/Ontario

Frye, Northrop 1982: *Divisions on a Ground. Essays on Canadian Culture*, ed. James Polk, Toronto

ders. 1971: *The Bush Garden. Essays on the Canadian Imagination*, Toronto

Gagnon, Serge 1982: *Québec and its Historians*, 1840 to 1920, Montréal

Gallagher, Brian 1988: "A Re-Examination of Race, Class and Society in Red River", in: *Native Studies Review* 4, no. ½, S. 25-66

Georgi, Brigitte 1982: *Der Indianer in der amerikanischen Literatur. Das weiße Rassenverständnis bis 1900 und die indianische Selbstdarstellung ab 1833*, Köln

Gerber, Peter R. 1985: "Canada's Indians: From 'bands' to 'First Nations' ", in: Pletsch, Alfred (hg.): *Ethnicity in Canada. International Examples and Perspectives* (Kanada Projekt III), Heft 96, Marburg/Lahn

Giraud, Marcel 1945 : *Le Métis Canadien. Son rôle dans l'histoire des Provinces de l'Ouest*, 3 vols., Paris, Institut d'Ethnologie (reprint, Les Éditions du Blé, St. Boniface Manitoba 1984)
ders. 1956: "Metis Settlement in the Northwest Territories", in: *Saskatchewan History* 9, no.1, S. 1-16
ders. 1937: "A Note on the Half Breed Problem in Manitoba", in: *Canadian Journal of Economic and Political Science* 3, S. 541-549
Goodman, Jeffrey 1982: *American Genesis: The American Indian and the Origins of Modern Man*, Berkeley
Gosman, Robert 1977: *The Riel and Lagimodière Families in Métis Society, 1840-1860*, Ottawa
Greenblatt, Stephen 1998: *Wunderbare Besitztümer. Die Erfindung des Fremden: Reisende und Entdecker*, Berlin
Groulx, Adolphe 1919 : *La naissance d'une race*, Montréal
Grzybek, Peter 1990: "Kulturelle Stereotype und stereotype Texte", in: Walter A. Koch (hg.): *Natürlichkeit der Sprache und Kultur*, Bochum, S. 300-327
Handler, Richard 1988: *Nationalism and the politics of culture in Québec*, Toronto
Haraway, Donna 1991: "Situated Knowledges: The Science Question in Feminism and the Privilege of a Partial Perspective", in: dies, *Simians, Cyborgs, and Women. The Reinvention of Nature*, New York, S. 183-201
Harrison, Julia D. 1985: *Metis: People Between Two Worlds*, Vancouver
Hart, Elisa 1995: *Getting Started in Oral Traditions Research,* Occasional Papers of the Prince of Wales Northern Heritage Centre, No. 4, Government of the North West Territories/Yellowknife,
in: http://www. Pwnhc.learnnet.nt.ca/ressec/otrman2.htm
Hatt, K. 1979: "*Louis Riel as Charismatic Leader*", in: Lussier. Louis Riel and the Métis, S. 23-29
Howard, Joseph Kinsey 1974: *Strange Empire: Louis Riel and the Métis People,* Toronto
Hueglin, Thomas O. 1997: "Kanadas Indianer – die ersten Nationen: Unrecht wird nur langsam wiedergutgemacht", in: *Das Parlament* – Kanada, 47. Jahrgang Nr. 1-2, 3./10, S. 6
Huntley, Audrey 1994: *Widerstand Schreiben! Entkolonialisierungsprozesse im Schreiben indigener kanadischer Frauen*, Münster
Innis, Harold 1962: *The Fur Trade in Canada*, Toronto
Isernhagen, Hartwig 1987: "Anthropological Narrative and North American Indian (Auto-) Biography", in: Udo Fries (ed.): *The Structure of Texts*, Gunter Narr Verlag Tübingen, S. 221-233
ders. 1993: "Tribal and Academic Knowledge: Constructing 'the West' and 'the Native' ", in: *Zeitschrift für Kanadastudien* 13, no. 2 , S. 87-106

Jaenen, Cornelius J. 1986: "The Meeting of the French and Amerindians in the Seventeenth Century", in: J.M. Bumsted (ed.): *Interpreting Canada's Past*, Vol. I: *Before Confederation*, Toronto, S. 27-39

ders. 1980: "*French Attitudes towards Native Society*", in: Judd/Ray (eds.): Old Trails and New Directions S. 59-72.

ders. 1976: *The Role of the Church in New France*, Toronto

Jenness, Diamond 1980: *The Indians of Canada*, University of Toronto Press, (Originally published in 1932 as Bulletin 65, Anthropological Series No. 15 of the National Museum of Canada, Ottawa)

Jennings, Francis 1975: *The Invasion of America: Indians, Colonialism and the Cant of Conquest*, Chapel Hill

Jonasson, J. A. 1934: "The Background of the Riel Rebellions", in: *Pacific Historical Review* 3, S. 270-279

Judd, Carol M. 1980: "Mixed Bands and Many Nations": 1821-70', in: Judd/ Ray (eds.): *Old Trails and New Directions*, S. 66-80

Judd, Carol/Ray, Arthur (eds.) 1980: *Old Trails and New Directions. Papers of the Third North American Fur Trade Conference*, Toronto

Kaltemback, Michèle 1994 : "L'Autobiographie dans la Littérature Autochtone au Canada: De L'Acculturation à la Révolte", in : *Caliban* XXXI, S. 45-55

Kegan, R. 1986: *Die Entwicklungsstufen des Selbst*, München

Kienetz, Alvin 1988: "Metis 'Nationalism' and the Concept of a Metis Land Base in Canada's Prairie Provinces", in: *Canadian Review of Studies in Nationalism* 15, no. ½, S. 11-18

ders. 1983: "The Rise and Decline of Hybrid (Metis) Societies on the Frontier of Western Canada and Southern Africa", in: *Canadian Journal of Native Studies* 3, no. 1, S. 3-21

Klooß, Wolfgang 1989: *Geschichte und Mythos in der Literatur Kanadas: Die englischsprachige Métis- und Riel-Rezeption*, Heidelberg

Krosenbrinck-Gelissen, L. E. 1989: "The Metis National Council: Continuity and Change among the Canadian Metis", in: *European Review of Native American Studies (ERNAS)*, 3 (1), S. 33-42

LaRoque, Emma 1983: "The Metis in English Canadian Literature", in: *Canadian Journal of Native Studies* 3, no. 1, S. 85-94

Lipset, S. M. 1990: *Continental Divide. The Values and Institutions of the United States and Canada*, New York

Lovejoy, Arthur O. 1923/24: "The Supposed Primitivism of Rousseau's Discourse on Inequality", in: *Modern Philology* 21, S. 165-168

Lundgren, Jodi 1995: "Being a 'Half-Breed': Discourses of Race and Cultural Syncreticity in the Works of Three Metis Women Writers", in: *Canadian Literature* 144, S. 62-77

Lussier, Antoine S./D. Bruce Sealey (eds.) 1978: *The Other Natives: The Metis*, 3 vols., Winnipeg

dies. 1981: *The Métis. Canada's Forgotten People*, Winnipeg, 5. Auflage

Lussier, Antoine S. 1979: *Louis Riel and the Metis: Riel Mini-Conference Papers*, Winnipeg

Lutz, Hartmut 1985*: „Indianer" und „Native Americans": Zur sozialhistorischen Vermittlung eines Stereotyps*, Hildesheim

Mailhot, P. R./D. N. Sprague 1985: "Persistent Settlers: The Dispersal and Resettlement of the Red River Metis, 1870-1885", in: *Canadian Journal of Ethnic Studies* 17, no. 2, S. 1-30

Martel, Gilles 1984 *:* „Le Messianisme de Louis Riel", in : *Sciences Religieuses*, vol. 4

ders. 1979 : "Les Indiens dans la pensée messianique de Louis Riel", in : Lussier (ed.): *Louis Riel and the Métis*, Winnipeg, S. 31-54

McLean, Don 1985: *1885. Métis Rebellion or Government Conspiracy*, Winnipeg

Memmi, Albert 1994: *Der Kolonisator und der Kolonisierte. Zwei Portraits*, Hamburg

Miller, John S. (ed.) 1991*: Sweet Promises. A Reader on Indian-White Relations in Canada*, Toronto

ders. 1992: "The Northwest Rebellion of 1885", in: ders. (ed.), *Sweet Promises*, S. 243-258

Milloy, John S. 1992: "The Early Indian Acts: Development Strategy and Constitutional Change", in: J.R. Miller (ed.): *Sweet Promises*, Toronto, S. 145-154

Morisset, Jean 1977 : *Les Chiens s'entre-dévorent...Indiens, Blancs et Métis dans le Grand Nord Canadien*, Montréal

Morton, A. S. 1978: "The New Nation – The Metis", in: Lussier/Sealey (eds.): *The Other Natives: The Métis*, S. 27-37

Morton, W. L. 1980: *The Canadian Identity*, Toronto

ders. 1957: *Manitoba: A History*

ders. 1950: "The Canadian Metis", in: *The Beaver,* No. 281, S. 3-7

Nicks, Trudy 1985: "Mary Ann's Dilemma: The Ethnohistory of an Ambivalent Identity", in: *Canadian Ethnic Studies* 17 (2), S. 103-114

dies./Kenneth Morgan 1985: "Grande Cache: The historic development of an indigenous Alberta métis population", in: Peterson/Brown (eds.): *The New Peoples*, Winnipeg, S. 163-181

dies. 1980: "The Iroquois and the Fur Trade in Western Canada", in: Judd/Ray (eds.): *Old Trails and New Directions*, Toronto, S. 85-101

Niethammer, Lutz (hg.) 1980: *Lebenserfahrung und kollektives Gedächtnis. Die Praxis der "Oral History*", Frankfurt am Main

Nute, Grace L. 1931: *The Voyageur*, New York 1931 (reprint: St. Paul 1955)

Owram, Douglas 1984: *Promise of Eden: The Canadian Expansionist Movement and the Idea of the West, 1856-1900*, Toronto

ders. 1982: "The Myth of Louis Riel", in: *Canadian Historical Review* 63, no. 3, S. 315-336

Painchaud, Robert 1978: "French-Canadian historiography and Franco-Canadian Settlement in Western Canada, 1870-1915", in: *Canadian Historical Review* 59, S. 447-466

Pannekoek, Frits 1991: *A Snug Little Flock: The Social Origins of the Riel Resistance of 1869-70*, Winnipeg

ders. 1986: The Anglican Church and the Disintegration of Red River Society, 1818-1870, in: J. M. Bumsted (ed.): *Interpreting Canada's Past,* Vol. I: *Before Confederation*, S. 273-287

ders. 1979: "Some Comments on the Social Origins of the Riel Protest of 1869", in: Lussier (ed.): *Louis Riel and the Métis*, Winnipeg, S. 65-75

Parkman, Francis 1851: *The Conspiracy of Pontiac and the Indian War after the Conquest of Canada,* Toronto

Peters, Evelyn/Mark Rosenberg/Greg Halseth 1991: "The Ontario Metis: Some Aspects of a Metis Identity", in: *Canadian Ethnic Studies*, 23 (1), S. 71-84

Peterson, Jacqueline 1978: "Prelude to Red River: A Social Portrait of the Great Lakes Métis", in: *Ethnohistory* 25, no. 1, S. 41-67

dies. 1985: "Many Roads to Red River: Métis Genesis in the Great Lakes Region, 1680-1815", in: Peterson/Brown (eds.): *The New Peoples*, Winnipeg, S. 37-71

dies. 1982: "Ethnogenesis: Settlement and Growth of a "New People" in the Great Lakes Region, 1702-1815", in: *American Indian Culture and Research Journal* 6, no. 2, S. 23-64

dies./Brown, Jennifer S. H. (eds.) 1985: *The New Peoples: Being and Becoming Métis in North America*, Winnipeg

Ray, Arthur 1974: *Indians in the Fur Trade: Their Role as Hunters, Trappers and Middlemen in the Lands Southwest of the Hudson Bay, 1660-1870*, Toronto

Reuter, E. B. 1928: "The Personality of Mixed Bloods", in: *Proceedings. American Sociological Society* XXII, S. 52-59

Robertson, William ²1778*: The History of America*, London

Rousseau Jean-Jacques 1754 : *Discours sur l'origine et les fondements de l'inégalité parmi les hommes,* Paris

Sawchuk, Joe 1985: "The Metis, Non-Status Indians and the New Aboriginality: Government Influence on Native Political Alliances and Identity", in: *Canadian Ethnic Studies*, vol. XVII, no. 2, S. 135-147

ders. 1981: *Metis Land Rights in Alberta: A Political History*, Métis Association of Alberta Edmonton

ders. 1978: *The Metis of Manitoba: Reformulation of an Ethnic Identity*, Canadian Experience Series, no. 6, Toronto

Smith, Anthony D. 1976: *Nationalist Movements*, Macmillan London

Schneider, Steffen 1997: "Vom Nationalitätenstaat zur postmodernen Nation: Verfassungspatriotismus – gegen Autonomie und Sezessionsbestrebungen", in: *Das Parlament* – Kanada, 47. Jahrgang, Nr. 1-2, 3./10., S. 9

Sprague, D. N. 1988: *Canada and the Metis 1869-1885*, Waterloo

ders. 1986: “The Manitoba Land Question 1870-1882”, in: Bumsted, J. M. (ed.): *Interpreting Canada's Past*, Vol. II, Toronto, S. 2-16

Sprenger, G. Herman 1972: “The Metis Nation: Buffalo Hunting vs. Agriculture in the Red River Settlement”, in: *Western Canadian Journal of Anthropology* 3, no. 1, S. 158-178

Spry, Irene M. 1985: “The Métis and Mixed-Bloods of Rupert's Land before 1870”, in: Peterson/Brown (eds.): *The New Peoples*, S. 95-118

dies. 1976: “The Great Transformation: The Disappearance of the Commons in Western Canada”, in: Richard Allen (Hg.): *Man and Nature on the Prairies.* Canadian Plains Studies 6, Regina

Stanley, George F. G. 1978: “Confederation 1870 – A Métis Achievement”, in: Lussier/Sealey (eds.): *The Other Natives: The/Les Métis*, Vol. I, S. 63-86

Stevenson, Garth [3]1989: *Unfulfilled Union. Canadian and National Unity*, Toronto

Slattery, Brian 1986: “Did France Claim Canada Upon ‘Discovery’?”, in: J. M. Bumsted (ed.), *Interpreting Canada's Past*, Vol. I, Toronto, S. 2-26

St.-Onge, Nicole 1985: “The Dissolution of a Métis Community: Pointe à la Grouette, 1860-1885”, in: *Studies in Political Economy* 18, S. 149-172

Sulte, Benjamin 1882-4: *Histoire des Canadiens-français*, Montréal

Surtees, R. J. 1975: “*The Development of an Indian Reserve Policy in Canada*”, in: J. K. Johnson (ed.): Historical Essays on Upper Canada, Toronto

Swainson, Donald 1980: “Rielana and the Structure of Canadian History”, in: *Journal of Popular Culture* 14, no. 2, S. 286-297

Taylor, Charles/Amy Gutman 1992: *Multiculturalism and “The Politics of Recognition”,* Princeton

Taylor, J. 1983: “A Historical Introduction to Metis Claims in Canada”, in: *Canadian Journal of Native Studies* 3 (1), S. 151-181

Trémaudan, Auguste Henri de, 1935 : *Histoire de la Nation Métisse dans l'Ouest Canadien*, Montréal

Tobias, John L. 1992: *‘Protection, Civilization, Assimilation: An Outline History of Canada's Indian Policy'*, in: J. R. Miller (ed.): Sweet Promises, Toronto, S. 127-144

Trigger, Bruce G. [2]1986: *Natives and Newcomers: Canada's “Heroic Age” Reconsidered*, Montreal

Turner, Frederick Jackson 1921: *The Frontier in American History*, New York

Van Kirk, Sylvia 1985: “ *‘What if Mama is an Indian?': The cultural ambivalence of the Alexander Ross family*”, in: Peterson/Brown (eds.): The New Peoples, S. 207-217

dies. 1980: *Many Tender Ties: Women in Fur Trade Society in Western Canada*, 1670-1870, Winnipeg

dies. 1972: “Women and the Fur Trade”, in: *The Beaver (Winter 1972)*, S. 4-21

Weaver, Sally 1985: “Federal Policy-Making for Metis and Non-Status Indians in the Context of Native Policy”, in: *Canadian Ethnic Studies* 17 (2), S. 80-102

Wolf, Heinz E. 1979: *Kritik der Vorurteilsforschung*, Ferdinand Enke Verlag, Stuttgart, S. 104f.
Woodcock, George 1975: *Gabriel Dumont: The Metis Chief and His Lost World*, Edmonton

Printed by Books on Demand GmbH, Norderstedt / Germany